팽이는
멈추고 싶을까?

아이디어는 생각의 열매

팽이는 멈추고 싶을까?
아이디어는 생각의 열매

초판 1쇄 발행 2024년 12월 2일

지은이 정종욱
펴낸이 장길수
펴낸곳 지식과감성#
출판등록 제2012-000081호

교정 주경민
디자인 이현
편집 이현, 오정은
검수 정은솔, 이현
마케팅 김윤길, 정은혜

주소 서울시 금천구 벚꽃로298 대륭포스트타워6차 1212호
전화 070-4651-3730~4
팩스 070-4325-7006
이메일 ksbookup@naver.com
홈페이지 www.knsbookup.com

ISBN 979-11-392-2257-9(03190)
값 17,000원

- 이 책의 판권은 지은이에게 있습니다.
- 이 책 내용의 전부 또는 일부를 재사용하려면 반드시 지은이의 서면 동의를 받아야 합니다.
- 잘못된 책은 구입하신 곳에서 바꾸어 드립니다.

지식과감성#
홈페이지 바로가기

열린생각 ON

팽이는 멈추고 싶을까?

아이디어는 생각의 열매

정종욱 지음

변화시킬 수 있는 차이라면 바꾸려고 꾸준히 노력해 왔다.

필자는 팽이한테 묻고 싶다. 그만 쉬고 싶은지를….
우리 모두 똑바로 설 수 있도록 자신에게 채찍을 들자.

지식과감정

프롤로그

세계 최초의 편의점 브랜드 세븐일레븐(7-Eleven)의 로고 중 마지막 n자만 소문자인지 아시나요?
서울지하철 1·4호선 '서울역'의 경우 "다음 정차역은 서울역, 서울역역입니다."라고 방송해야 맞지 않을까요?
남산공원에 '저소나무 공원'을 만들어 보면 어떨까요?
주차금지 안내판 그림자에서 대만의 '여왕머리바위'가 보였다면 이상할까요?

본문에 소개되는 일부 내용들로 다소 엉뚱해 보일 수도 있지만 주변에서 쉽게 관찰되고 접할 수 있는 얘기들이다. 이러한 소재들이 관찰과 생각이라는 연습을 통해 창의적인 사고력을 길러 아이디어라는 열매를 얻을 수 있고 새로운 세상을 열 수 있다는 확고한 신념이 정립되었다. 다만 어쭙잖은 이야기로 감히 독자분들께 명함을 내민다는 게 두렵고 무서웠지만 실제 고민한 생생한 사례들이기에 필자 나름의 주장을 펼쳐 볼 수 있겠다 싶어 용기를 내어 이 책을 세상에 내놓게 되었다.

필자는 어릴 적부터 평소에 중얼거리던 말이 있다. 가끔 개인기 타임에 빠른 속도로 말해 놓고 생각이란 단어가 몇 번 들어갔는지 퀴즈로 물어보기도 했던 표현이다.

"생각이란 생각하면 생각할수록 생각이 생각의 꼬리에 꼬리를 물고 생각나는 것이 생각이므로 생각은 생각할수록 좋은 생각이 샘솟는 창조의 어머니라고 나는 생각한다."

그래서 필자는 큰 과업이 주어졌을 때 첫 단계로 '멍때리기'를 하곤 했다. 지하철 출퇴근 시간이나 산책 시간을 통해 많은 아이디어를 구상해 내거나 영감을 얻었다. 그때그때 메모를 했고 스마트폰에 녹음을 했다. 책상에서 하던 고민을 잠시 멈추고 장소와 환경을 바꿔 주면 불현듯이 뇌를 관통하는 좋은 생각이 떠오르는 경우가 많았다. 우선 주어진 미션의 배경과 목적, 취지 등을 가장 먼저 깊이 생각하고 용도가 보고용인지 회의용인지 영업점 지도용인지를 판단했다. 그러고 나면 어떤 내용을 담을 것인지 윤곽이 떠오르기 때문이었다. 그리고 그 해결 방법을 찾기 위한 고민과 궁리하는 데 모든 에너지와 시간을 집중 투자했다.

필자는 과거 신용대표이사(현 은행장) 말씀자료를 작성하는 업무를 3년간 담당한 적이 있다. 각종 회의며 특강 시 자료는 물론 가끔 직원 주례사까지도 보좌해 드리던 시기다. 그때 참으로 많은 것을 배웠다. 평소 금융 정책과 금융 동향은 물론 경영 관련 자료 수집과 리더십, 자기 계발 등 신간 도서 내용까지도 꼼꼼히 챙겨 보는 습관이 생겼다. CEO 입장에서 사고하고 글을 쓰기 위해서였다. 물론 이후에 발간되었으나 조관일 박사님께서 집필한 공전의 히트작 《비서처럼 하라》라는 도서에서도 일깨워 주듯 보스처럼 생각하고, 보스처럼 실행하는 정신과 자세를 익혔다.

평소 사람은 사용하는 언어나 사고에 따라 성격과 인격도 바뀌고 일하는 방식도 바뀐다고 한다. 신입사원이라고 하더라도 지금까지는 별로 의식하지 않았던 언어와 사고들을 경영자 관점에서 고민한다면 경영자와 같이 생각할 수 있을 것이다. 이게 바로 오너십이다. 후술되지만 그래서 개인 사업자등록증을 발급해 주는 퍼포먼스를 실행한 적이 있다. 경영자 마인드로 접근하면 좀 더 깊이 있는 고민과 간절함이 살아나 보다 성공적으로 업무를 처리할 수 있다고 판단했기 때문이다. 그러나 사람들은 무언가를 창조해야 할 때 그 답을 밖에서 찾으려고 한다. 그러다 보면 답을 찾아야 하는데 핑계를 먼저 찾는 오류를 범하기 쉽다. 하지만 답은 담당자인 본인의 머리 안에만 존재한다고 생각한다.

그러나 생각을 꺼내기 위한 효율적인 방법을 잘 모르기 때문에 어려워한다. 물론 이것도 평소 생각하는 연습과 생각을 정리하는 단련이 잘 되어 곳간이 가득 채워져 있을 때 일이다. 셰프가 필요한 식재료의 재고를 빠짐없이 확인하고 부족한 것은 그때그때 잘 챙겨 냉장고 구석구석에 정돈해서 채워 놓아야만 필요할 때 쉽게 찾아 요리를 할 수 있듯 말이다. 그리고 요리뿐만 아니라 무언가 새로운 것을 생각해 내야 할 때는 기존에 인지한 지식이나 정보를 총망라하여 새로운 이슈에 대하여 다양한 관점으로 철저히 분석하는 것에서부터 출발한다고 본다. 문제에 대한 인식이 해답을 선물하고 아이디어를 낳는다고 생각하기 때문이다. 사람의 두뇌는 무언가에 대해서 깊이 생각하면 더 좋아진다.

아이디어를 꺼내는 것은 쉽지 않다. 그렇다고 어렵지도 않다. 가랑비에 옷 젖는다는 속담이 있는 것처럼 끊임없이 궁리하고 연구하는 의지와 열정만이 좋은 아이디어를 얻는 비결이라고 생각한다. 아이디어는 재능에서 나오는 것이 아니다. 따지고 보면 필자가 이것저것 떠올릴 수 있었던 것도 오직 열정뿐이었다. 명확한 목표가 아이디어를 만들어 냈고 단순한 생각을 구체화한 게 창작물로 포장된다.

이와 같이 변화시킬 수 있는 차이라면 바꾸려고 꾸준히 노력해 왔다.

그래서 이렇게 열심히 일하는 부장님은 정말 처음 본다는 다소 볼멘소리도 들었다. 그러나 필자에겐 그 일이 내게 주어진 맡은 바 소임이었고 열심히 하는 게 중요한 게 아니라 잘해야 하고 앞으로 나아가야 한다고 판단했기 때문이다. 물론 과정도 중요하다. 하지만 더 중요한 것은 결과가 좋아야 하기 때문이다. 공자 왈 "군군신신(君君臣臣) 부부자자(父父子子)"라고 했다. 내 위치에서 잘하고 싶었고 내 담당 업무는 조금이나마 나아지게 하고 싶었다.

성공한 기업가들을 보면 어설프거나 막연하게 신사업에 배팅하지 않는다. 그들은 그냥 열심히 하기보다 깊은 통찰력에 의한 명확한 판단과 비전 그리고 사업에 대한 구체적이고 거대한 목표 의식과 열정을 가지고 있다. 그런 것들이 기업의 경영이념에 잘 나와 있다. 또한 끈기를 가지고 좌절과 실패에서 배우는 데 집중하며 그냥 하는 것이 아닌 나아가려고 노력한다. 돈이 생기면 사업가는 투자부터 생각하고 급여 생활자는 소비부터 생각한다고 한다.

자신의 요리 프로세스가 정립된 셰프는 요리 한 점을 먹고서도 상대방의 레시피나 프로세스까지도 간파하고 '별도의 맛'을 느낄 수 있지만, 요리를 하지 않는 사람은 그저 맛이 있는지 없는지밖에 모른다. 이와 같이 기업가와 전문가는 누군가의 도움이 필요한 팽이가 아닌 자기의 역량으로 한 시장을 지배하고 세계시장을 주름잡는 것이다.

영국의 철학자 허버트 스펜서가 제시한 '적자생존(Survival of the fittest)'이라는 용어가 있다. 환경에 적응하는 종만이 살아남고, 그렇지 못한 종은 도태되어 사라지는 현상을 말한다. 여기서 '살아남는다'는 의미는 개체의 생존을 말하는 것이 아니라 종의 생존을 말하는 것이다. 개체는 개인이요 종은 기업과 사회일 것이다. 이와 같이 적자생존이라는 의미에서는 열심히 일하는 것 즉, 자기 계발 등을 통해 개인은 물론 조직 공동체가 생태계에 생존해 나갈 수 있도록 맡은 바 소임을 다하는 것만이 유일한 길이다.

위에서 거창하게 설명하고 있지만 반복적으로 등장하는 단어가 관찰, 관점, 생각, 연습, 열정, 소임 등이라는 것을 금세 눈치채셨을 것이다. 아이디어를 끌어내는 데 있어 가장 기본이 되는 재료들이다. 이 책에서 소개하는 내용들 역시 이를 바탕으로 필자가 여러 분야에서 창의적인 업무나 활동 등을 위해 직접 구상하고 융합시켜 탄생시킨 펄떡이는 생생한 결과물들이다. 내용 하나하나는 허접스러울 수 있겠다 싶지만, 전체적인 맥락은 평소 훈련된 관찰과 생각을 통해 궁극적으로 필요한 씨앗, 즉 아이디어를 꺼내는 과정을 실증적으로 소개했다.

새로움은 익숙한 것과의 싸움이다. 창(創)하고는 친하게 지내야 한다. 그 과정에서 개인이나 공동체의 목표를 명확히 이해하고 가슴 속 뜨거운 열정과 도전 정신만이 팽이를 멈추지 않게 할 수 있다는 이치를 소개하는 자기계발서다. 일부 사례들은 이해를 돕기 위해 예를 들었을 뿐 민원성 제보이거나 신고하는 것이 절대 아니니 오해가 없으면 좋겠다.

글의 순서는 필자가 반세기 동안 고민했던 얘기들로 관찰, 기획, 고객, 창의 그리고 소통 등 5개 장으로 구성되어 있다.

끝으로 열정적으로 일하다 보니 일부 직원분들에겐 불편함으로 다가왔을 텐데 이 기회를 빌려 진심 어린 사과의 말을 꼭 전하고 싶다. 그리고 그동안 필자가 이 책을 집필하는 데 있어 가장 많은 도움과 용기를 주신 창조경영연구소 조관일 대표님께 감사드리며, 짧지 않은 직장 여정에서 초임지 사무소장이자 큰 멘토 역할을 해 주셨던 이정복 회장님, 본부 전입 시 첫 팀장이셨던 신충식 회장님, 첫 부장 당시 은행장이셨던 이대훈 박사님, 부서장 퇴임식에서 진한 석별의 정을 보여 주셨던 이석용 은행장님, 마지막으로 동고동락했던 수많은 직원 여러분께 진심으로 감사하다는 말을 전하고 싶다.

아울러 필자의 서툰 글을 모아 책으로 엮어 주신 출판사 관계자 여러분에게 머리 숙여 감사드리며 언제나 나를 믿고 따라 준 사랑하는 가족에게도 고마움을 전한다.

2024년 11월
370. 320. 03

목차

프롤로그   4

Ⅰ. 관찰은 오감(五感)으로 넓게

1. 생각이란 꼬리에 꼬리를 무는 것   16
2. 일상과 주변이 온통 관찰 대상   19
3. 관점을 바꾸면 비로소 보이는 것들   24
4. 여왕머리 그림자의 정체는   27
5. '370 320 03' 숫자형 이름입니다   29
6. 이러다가 차가 산으로 갈 수도   31
7. 남산에 <저소나무공원> 대박   34
8. 무궁화는 말뿐인 나라꽃입니다   37
9. 한강의 漢江은 韓江이 맞을 듯   42
10. 제주도민(道民)과 제주도민(島民) 중 어느 게 맞을까요?   45
11. 알고 보아야 더 흥미롭다   48
12. 과연 팽이는 멈추고 싶을까?   54
13. 동물들도 사람 말을 배워야 하는 이유   59
14. 은는이와 율률이   63
15. 합격 사과의 숨겨진 비밀   67

II. 기획은 짜임새 있게

1. 단상 위 태극기는 안녕하신지요?	74
2. 차량번호에서 경영 목표가 보여요	76
3. 건·배·사 90	80
4. 행사장 점검은 아주 촘촘하고 세밀하게	84
5. 행사 네이밍은 센스 있게	87
6. 나도 이제부턴 어엿한 사장님	92
7. 각종 행사의 목적은 메시지 전달이 중요	96
8. 멋지게 한 말씀: 천국이 따로 없네	99
9. 사회공헌 활동은 행사가 아닌 봉사	102
10. 스토리가 있는 명예사무소장 행사	106
11. 시나리오, 연출, 출연 등 1인 3역	109
12. 함께하는 즐거움 녹지 않는 추억	114
13. 우리 모두 '함께해요'	118

III. 섬김은 스마트하게

1. 돈을 쓰는 영어와 버는 영어의 차이	130
2. 고객 서비스(CS) 개념의 인식 대전환, K-CS	134
3. 고객맞이 기본은 업장 환경 정비부터	138
4. 얼굴 걸고 친절히 모시겠습니다	141
5. 다산(茶山)의 마음으로 《고객심서(顧客心書)》 제작	144
6. 고객 관리 〈연날리기 이론〉	146
7. 우리의 살길은 S·I·L·K 로드	150
8. 고객님 마음 사는 데 1원이면 충분	154
9. 삼꾸러기 니, 지구 끝까지 쫓는디	156
10. 사무실에 콩나물시루가 머선129	159
11. 서명만 오~ 노! 온전히 손 글씨라야 친서지	164
12. 소비자보호 꽃이 피었습니다	167

IV. 창(創)하고는 친하게

1. 궁하면 통한다, 도전하라	176
2. '나'라는 브랜드를 만들어라	184
3. 이름 석 자 적힌 종이는 있어야	190
4. 완전정복 참고서를 발간하다	193
5. '네 컷 만화'로 본 어느 청년 사업가의 이야기	195
6. 이러시면 아니 아니 아니 되오	198
7. 총성이 아닌 감성으로	200
8. 은행장실에 카우보이모자가 걸린 이유	204
9. 진짜 사용해도 되는 카드예요?	207
10. 소비자보호 마일리지 구독 좋아요	209
11. 보이스피싱 예방 방송 프로그램을 꿈꾸다	212
12. 우리가 갈 길은 앞으路(APro)	214
13. <콕콕콕>을 광고 음원으로 '콕'	217
14. 21세기 효(孝)는 10차 산업이다	219
15. 넉 장의 셔츠	223

V. 소통은 따뜻하게

1. <3려(배려·격려·독려) 운동>으로 3려(염려·심려·우려) 퇴치	228
2. 어서 와~ 우리 부서는 처음이지?	235
3. 밥상머리 소통	239
4. 소통 현장은 <기념우표>로 마무리	242
5. 시간을 선물로 포장하다	245
6. 마음을 파고드는 티키타카 소통	247
7. 뻔하지 않은 펀(fun)한 소통 프로그램	252
8. 토닥토닥 가족 사랑 소통	261
9. '같이'의 가치 소통	267
10. 옳은 길, 오른 길: 정도(正道)	272
11. 인생에도 대차대조표가 있다	277

열린생각 ON

Ⅰ
관찰은 오감(五感)으로 넓게
- 관찰은 아이디어의 재료

아이디어는 생각의 열매

1.
생각이란 꼬리에 꼬리를 무는 것

우리는 통상 첫 인사말로 "많은 관심과 성원 부탁드립니다."라는 표현을 많이 하거나 들었을 것이다.

이때 관심이란 단어는 쉽게 말해 '예쁘게 봐 달라'는 의미일 것이다. 즉 관심이란 생각의 출발점으로 어떤 현상이나 사람에 대해 마음이 끌려 궁금해지거나 주의를 기울여 관찰하게 되는 단계이기 때문이다.

'생각하다'의 사전적 의미로는 ① 사물을 헤아리고 판단하다 ② 어떤 사람이나 일 따위에 대하여 기억하다 ③ 어떤 일을 하고 싶어 하거나 관심을 가지다 등이 있다.

필자는 평소 결혼까지 가는 과정을 5단계로 나눠 설명한다. 여기에서도 생각의 단계가 나온다.

첫 단계는 만남(Meet)의 단계이다. 형태야 다양하겠으나 이 단계에서는 서로를 알아 가고 호감을 형성하기 시작한다. 상대방의 외모를 비롯하여 성격, 관심사, 가치관 등을 알아 가는 단계이다.

둘째는 생각(Think)의 단계이다. 만남 이후 상대방이 자꾸 생각나고, 상대방의 일상에 대해 궁금해하는 호기심과 관심이 높아지는 단계이다. 이 단계에서는 상대방의 행동, 취향, 성격 등을 더 자세히 알아가며 서로가 잘 맞는지 판단하게 된다.

셋째는 좋아하는(Like) 단계이다. 상대방의 긍정적인 면이 더욱 눈에 띄게 되고, 상대방과 함께 있는 시간이 즐겁고 행복해지는 단계로 상대방과의 관계를 더욱 발전시키고 싶어 한다.

넷째는 사랑하는(Love) 단계이다. 상대방의 모든 면이 사랑스러워지고 상대방과 함께 있는 시간이 소중해진다. 상대방과의 관계를 더욱 깊게 발전시키고 싶어지며 결혼에 대한 생각도 들기 시작한다.

마지막으로 상대방이 나에게 필요한(Need) 존재가 되는 단계이다. 상대방과 함께 있는 시간이 더욱 소중해지고, 상대방 없이는 안 될 것 같은 느낌이 든다. 이 단계에서는 결혼에 관한 생각이 더욱 강해지고, 상대방과의 평생을 함께하고 싶다는 생각이 든다. 이처럼 모든 면에서 깊이 생각한다는 것은 하나의 사물이나 관심 사항에 대해서 다양한 관점에서 철저히 관찰하고 분석하는 과정이라고 할 수 있다.

또한 구전동요 중에 "원숭이 엉덩이는 빨개, 빨가면 사과, 사과는 맛있어 (중략) 비행기는 높아, 높으면 백두산"이라고 끝나는 동요가 있다. 이 동요의 가사를 듣고 있노라면 필자가 이 책에서 다루고 싶은 주제와 일맥상통한다는 생각을 지울 수 없다. 원숭이 엉덩이에서 시작된 노래가 백두산까지 이어진다. 그런데 만약 '원숭이 똥구멍의 치질'이라고 가사를 바꿔 시작하는 동요를 상상해 보자. 그다음은 어떻게 이어져 어디까지 갈 수 있을까? 그보다도 먼저 빵 터진다. 질문을 바꾸면 생각의 방향이 바뀐다는 것이다.

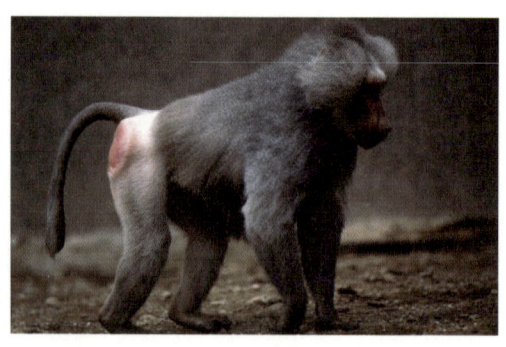

'고요 속의 외침' 또는 '몸으로 말해요' 등과 같이 앞사람의 말이 뒷사람에게 들리지 않게 해 놓고 말을 전달하거나 몸동작으로 설명하다 보면 중간에서 끝까지 온갖 엉뚱한 단어들이 쏟아지며 배꼽 잡는 웃음과 재미를 선사한다. 잘하면 '아휴 곧잘 하네' 정도지만 상상도 못 할 기발한 단어들이 툭툭 나와 줘야 그 코너의 묘미이자 기획 의도에 적합하다고 본다. 기존의 틀에서 벗어난 색다른 단어와 몸짓이 보고 듣는 사람에게 웃음을 주고 시청률도 오를 수 있기 때문이다.

생각의 끝이 결혼까지 이어지고, 원숭이 엉덩이가 백두산까지 파생되듯 끊임없는 질문과 관찰은 생각의 꼬리에 꼬리를 물면서 변화와 발전을 이끄는 데 있어 아주 중요한 역할을 한다는 점을 강조하고 싶다.

2.
일상과 주변이 온통 관찰 대상

발견과 발명이라는 두 단어는 어떤 차이가 있을까?

발견은 이전부터 이미 있었지만 세상에 알려지지 않은 어떤 것을 찾아내는 행위를 말하는 반면, 발명은 세상에 아직까지 없었던 새로운 것을 만들어 내거나 새로운 제조 방법을 증명하는 행위를 말한다. 즉 알려지지 않은 것을 생각해 내는 것은 모두 발명이라고 할 수 있다.

'인류 최대의 발견'이라고 일컬어지는 불은 화산이 폭발하거나 벼락이 칠 때 산에 불이 붙는 것을 보고 맨 처음 발견하게 되었다고 한다. 이때 불이 있으면 밤에도 따뜻하게 지낼 수 있고, 음식도 익혀 먹을 수 있다는 것을 발견한 사람들은 이렇게 쓸모 있는 불을 언제 어디서나 손쉽게 피울 수 있는 방법을 찾기 시작했다. 그 결과 나무토막에 구멍을 뚫고 나무 막대기를 꽂아 빠르게 맞비벼서 불씨를 만들어 내고, 더 나아가 돌과 돌이 부딪힐 때도 불꽃이 생긴다는 원리를 알게 되었다 한다.

이처럼 자연현상으로 일어난 불을 통해 불의 효용성을 찾아낸 것은

'발견'이고, 불을 사용하기 위한 도구를 만든 것은 '발명'이다. 마찬가지로 이탈리아의 천문학자 갈릴레오 갈릴레이가 망원경을 발명하고 나서 망원경 관측으로 태양 흑점을 처음 발견한 것도 같은 사례이다.

이 모든 것들의 시작은 사물이나 현상을 주의 깊게 조직적으로 살펴보는 관찰에서 시작된다.

그러기에 많은 분들께서 관찰에 대해 최고의 성과를 만드는 습관, 변화와 혁신을 이끌어 주는 힘, 본질에 다가가는 과정 등이라고 정의하고 '평범한 일상 속에서 관찰하고 기록하고 직접 질문해 보라'고 하고 있다.

예를 들어 우리는 주변에서 세븐일레븐이라는 편의점을 쉽게 찾아볼 수 있다. 그런데 숫자와 영문 알파벳으로 결합되어 있는 로고를 좀 더 자세히 관찰하여 보면 영문 알파벳 6자 중 마지막 n만 소문자로 되어 있다는 사실을 알 수 있다. 그동안 필자가 이 얘기를 주변에 몇 번 해 보았을 때 인지하고 계신 분들이 거의 없었다.

한 가지 예를 더 들어 보면 서울지하철 4호선의 경우 '회현-서울역-

숙대입구' 순으로 전철역이 설치되어 있다. 그리고 승하차 시 친절한 목소리로 이번 정차역과 다음 정차역 안내 멘트가 흘러나온다. 그런데 가만히 듣고 보면 역명 안내 멘트 프로토콜이 일정하지 않은 것을 관찰할 수 있었다.

회현역과 숙대입구역의 경우,
"이번 정차역은 회현, *회현*역입니다."
"이번 정차역은 숙대입구, *숙대입구*역입니다."라고 안내 방송이 나온다.
그렇다면 서울역에서는 "이번 정차역은 서울역, *서울역*역입니다."라고 해야 규칙적이지 않을까?
그런데 "이번 정차역은 서울역, *서울역*입니다."라고 나온다. 정해진 약속, 그게 바로 프로토콜 아닐까?

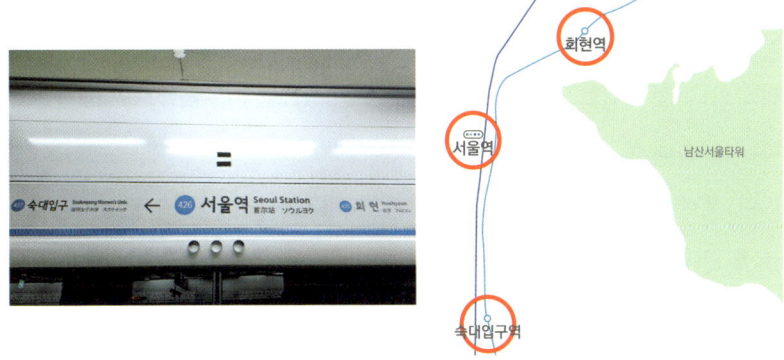

* 인터넷 포털 지도상 전철 노선에도 모든 역명 뒤에 '역' 자가 붙어 있다. 그러면 서울역은 '서울역역'이라고 표기해야 할 것이다.

한국 프로 배구팀인 인천 대한항공 점보스 선수 중에 이름이 '한선수'인 선수가 있다. 문성민 선수, 전광인 선수라고 부르는 것처럼 한선수 선수는 한선수 선수라고 불러야지 이름에 선수가 들어간다고 해서 만약 '한선수'라고만 부른다면 '문성민', '전광인'이라고 이름만 부르는 건지 '문 선수', '전 선수'라고 줄여서 성만 부르는 건지 혼란스럽지 않겠는가?

2010년대 초 KBS 〈개그콘서트〉의 인기코너 '애정남'의 대사가 생각난다.

> "여러분! 대한민국이 왜 아름다운지 아십니까~잉~
> 보이지 않는 우리들만의 약속을 정해 놓고 지키기 때문입니다~잉~
> 요거 안 지킨다고 쇠고랑 안 찹니다~잉~
> 경찰 출동하지 않아요~
> 우리끼리 하는 아름다운 약속인 거예요~잉~!"

이처럼 n 자가 소문자여도, '서울역역'이라 하지 않아도, 경찰이 출동한다거나 일상생활 속에 아무런 불편함은 없다. 이처럼 우리들은 당연함에 익숙해져 있다는 방증이다.
이 책에서 필자가 적고 싶은 주제가 바로 이러한 당연함들에 대한 부정, 관찰, 생각, 아이디어, 창의력, 이런 것들이다.

위 두 가지 사례에서처럼 보기에 따라서는 대단한 발견은 아니지만 우리 주변에서 흔히 보고 듣고 접할 수 있는 현상들을 허투루 지나치지 않고 조금씩 질문하고 관찰하는 습관이 생겼다. 창의적인 생각을 하는 데 좋은 시작점이 된다고 생각했기 때문이다.

    이 세상은 온통 아이디어의 재료다. 결국 관찰을 통해 생각의 씨앗을 발견하게 되고, 그 생각이 아이디어의 어머니가 되어 돌아오는 것이다.

3.
관점을 바꾸면 비로소 보이는 것들

우리들이 생활 속에서 익숙하게 사용하고 있는 표현 중 '분리수거'란 용어가 있다.

1995년 1월 1일부터 전면적으로 시행된 '쓰레기 종량제' 정책은 쓰레기 배출에 따른 처리 비용을 부담케 하여 배출을 억제하기 위한 제도이다. 그러나 그 이전부터도 정부에서는 쓰레기 공해 문제로 폐기물 관리와 '재활용'이라는 개념을 도입하여 수거와 처리 정책을 펼쳐 오고 있었다. 이처럼 정부에서 종량제 정책을 입안하기 전부터 쓰레기 분리수거가 사회적인 큰 골칫거리로 등장하고 분리수거라는 말을 늘 자연스럽게 사용하다 보니 생활 용어로 굳어졌다. '미원'이라는 브랜드가 해당 조미료 자체를 뜻하는 대명사로 굳어진 것처럼 말이다.

그런데 수거는 지자체나 수거 업체가 하는 것이고 일상에서는 배출만 하면 되는 정책이기에 '분리배출'이라는 표현이 맞지 않을까? 물론 현재는 정책명이나 해당 법률에도 '분리배출'이라 되어 있기에 언론과 국민 모두 용어를 바르게 사용만 하면 될 것이다. 관점의 차이다. 더 정확하게는 분리보다는 '분류배출'에 더 가깝지만.

그리고 예전에 기차역이나 공원, 영화관의 경우 '매표소(賣票所)'라는 표 파는 곳이 있었다.

지금이야 대부분 온라인으로 티켓 구매를 하다 보니 낯선 풍경일 수는 있으나 '표 파는 곳'과 '표 사는 곳' 두 표현 역시 대표적인 관점의 차이를 보여 주는 사례다. 다행히도 고객 서비스 개념이 널리 도입된 지금은 '표 사는 곳'이라는 단어로 통용되고 있다. 이와 같이 '분리수거'와 '매표소' 두 사례의 경우처럼 이용자 관점에서 현상을 바라보는 습관과 사회적 공감대가 중요하다.

 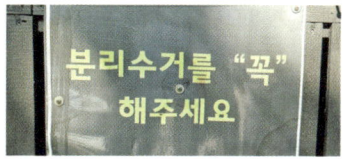

이렇다 보니 우리가 주변에서 관점을 바꾸면 돈을 벌 수도 있다.

관점을 얘기할 때 많이 등장하는 사례가 일본의 '이세탄'이라는 유명한 백화점 이야기이다. 이세탄의 경영자는 '매장'에 대한 개념을 바꿨다. 이제까지의 '매점'은 '물건을 파는 곳'이라고 정의했었는데 이 경영인은 '고객님이 물건을 사는 곳'이라고 정의했다. 그리고 전 직원들에게 같은 관점을 갖고 고객을 응대하는 다양한 교육과 훈련을 시행했다. 그 결과 일본 백화점 업계의 불황에도 크게 성장하는 결정적 계기가 된다.

그리고 우리는 시간을 돈으로 살 수 없다고 한다. 물론 본질적 가치로만 보면 시간을 살 수는 없다.

하지만 우리는 무엇이 가치를 결정하는가 하는 관점에 따라 시간을 사거나 팔 수도 있다. 이동 시간을 단축하기 위해 상대적으로 비싸지만 빠른 교통수단인 항공이나 KTX 등을 이용하거나, 시간과 비용을 절약하기 위해 집합하여 개최하는 대면 회의 대신 화상 회의로 대체하는 경우가 바로 시간을 사는 경우다.

시간을 파는 경우도 있다. 지난 5월 어느 일요일 오전 실제 사례다. 대전에서 12시에 선배님 자녀 혼사가 있어 축하차 내려갈 열차편을 검색해봤다. KTX는 1시간 4분 소요에 23,700원, 새마을 열차는 1시간 47분에 16,000원이었다. 새마을이 43분 더 소요되는 대신에 7,700원 저렴했다.

여러분은 어느 열차를 이용하겠는가? 이른 아침 시간에 다른 일정이 있다면 모르겠으나 일요일 아침 넉넉한 시간이고 긴 시간이 소요되는 장거리도 아니라면 43분이라는 시간을 7,700원에 팔아 보면 어떨까? 이처럼 별것은 아니지만 생각과 관점을 바꾸니 다른 세상이 보이고 돈이 생겼더라는 얘기다. 시간을 팔아 번 돈으로 대전역에서 웨딩홀까지 이동하는 택시 요금에 요긴하게 사용할 수 있었다.

이와 같이 생활 속에서 발생하는 현상들은 어떻게 보고 생각하느냐에 따라 세상을 바꿀 수 있다고 본다.
아는 만큼 보인다는 속담도 있다. 항상 질문하고 현상을 연결시키는 훈련은 삶과 사회를 성장시키는 밑거름이 될 수 있을 것이다.

4.
여왕머리 그림자의 정체는

2023년 7월 어느 더운 여름 밤.

필자는 퇴근 후 늦은 시간이더라도 1일 걷기 운동 목표치를 달성하고 하루를 마감한다. 아파트 단지나 몇 바퀴 돌고 들어올 심산으로 산책을 나섰다. 그런데 찰나의 순간 '저게 뭐였더라? 어디서 봤는데?' 하고 필자의 머릿속 정보의 바다에서 낯익은 이미지와 교차하는 그림자를 발견했다. 몇 년 전 대만 가족여행 시 예류지질공원에서 관람했던 대만의 명물 '여왕머리바위'와 기묘하게도 닮은 모습이었다.

여왕머리바위는 아래 사진에서 보는 바와 같이 자연 침식과 풍화 작용으로 인해 목이 머지않아 부러질 위기에 처해 있다는 설명이 필자의 머리와 가슴을 자극했던지라 쉽게 정보를 연결시켜 꺼낼 수 있었던 것 같다. 그런데 그 그림자의 피사체가 주차금지 안내판이었다는 사실에 헛웃음과 함께 마치 콜럼버스의 신대륙 발견만큼이나 뭔가 대단한 것이라도 발견한 것처럼 우쭐했던 기억이 있다. 그때 소장한 사진이 이렇게 사용되다니 내 그것을 꿈엔들 알았겠는가 싶다.

이처럼 새로운 것을 발견하는 것은 한순간에 떠오른 생각이 아니라, 끊임없는 궁리 끝에 얻는 발견이라고 생각한다. 다른 이는 무시하면서 지나치는 사실을 깊이 있게 생각하고 생각의 물꼬를 틔워 생각을 꺼내는 연습이 새로운 발견의 첩경이라고 믿기 때문이다.

아이디어란 무에서 나오는 것이 아니라 늘 그곳에 있지만 아무도 감지하지 못한 것을 감각이나 연습을 통해 발견하는 것이다. 바닥에 떨어진 동전 한 닢도 먼저 본 사람이 횡재하는 것처럼 말이다.

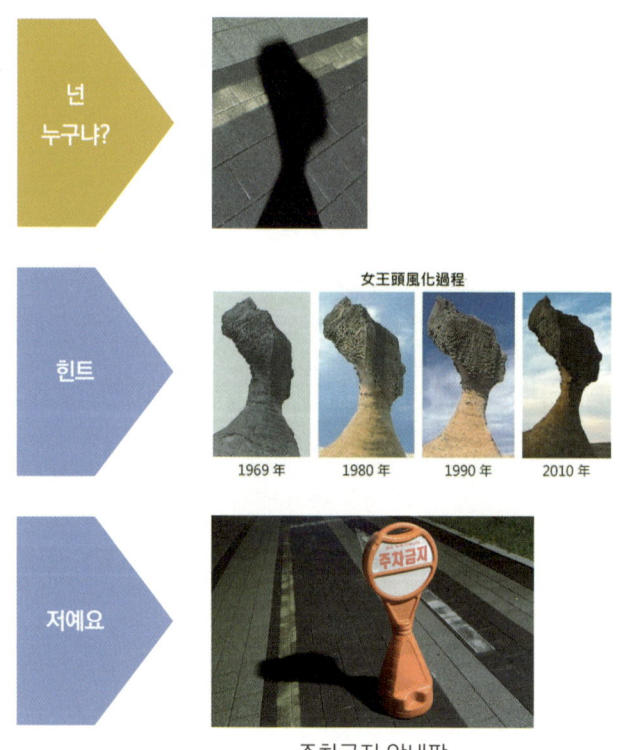

주차금지 안내판

5.
'370 320 03' 숫자형 이름입니다

대학 입학 이후 이래저래 많은 자리에서 자신을 소개하고 인사하거나 서명할 기회가 늘어남에 따라 임팩트 있는 소개와 함께 첫 만남이지만 기억하기 쉽도록 의미 있는 이름을 연구하게 되었다.

그러나 이름 석 자 모두에 받침이 있다 보니 글이 아닌 전화나 대화로 전달하는 경우 '종옥', '종우'로 인지하는 경우가 많았다. 심지어는 새로 부임한 부서에서 결재란에 '정종옥'으로 적어 결재를 올리는 경우도 있었다.

그래서 '정종을 많이 먹으면 욱하고 토한다고 할 때 정 종 욱'이라고 자기소개 하는 방법도 써 봤다. 그러면 청자(聽者)가 웃어 주며 기억할 수는 있겠지만 어감이 좋지 않고 가볍게 보일 수 있다는 생각이 들었다. 독특하면서도 쉽게 전달하고 기억할 수 있는 방법을 찾기 위해 고민하고 궁리하다 보니 이름에서 숫자가 관찰되었다.

아래 그림에서 보는 바와 같이 흘림체로 본인 이름을 수만 번 써 본 필자로선 '정'에서 370을, '종'에서 320을, '욱'에서 03을 연상시킬 수 있었다. 그럴싸하고 절묘하게도 맞아떨어지는 숫자형 이름이 탄생했다. 누구든지 살아오면서 자기 이름을 제일 많이 써 봤을 것이다. 필자는 지금도 펜이 나오는지 등을 테스트할 때 이름으로 써 보는 습관이 이어져 오고 있다.

영문형은 길지 않아야 한다는 대원칙과 스토리텔링을 위해 톡톡 튀는 단어를 찾기 위해 머리를 감싸 쥐었다. 한자 '욱(旭)'의 뜻인 〈빛나다, 아침 해〉를 반영하여 '햇살이 내리쬐는', '화창한' 뜻을 가진 'Sunny'를 우선 택하고, 〈열정(熱情)의 정종욱〉이란 이미지를 잘 살릴 수 있는 이름을 만들기 위해 콩글리시이긴 하지만 '열정'의 '열(熱)'을 앞의 Sunny와 자연스럽게 융합시킬 수 있는 10(Ten)을 '열'로 응용하여 'Sunny Ten'으로 정하게 되었다. 숫자형과 영문형은 이메일 주소나 익명으로 서명 시 활용하고 있다.

하나 더 부연하자면 필자 골프백의 네임택(이름표)은 이니셜 'ㅈㅈㅇ'을 살린 '정중앙'과 'Center Wook'으로 되어 있다. 늘 가운데로 보내고 싶은 간절함을 담아 만든 것이다.

일반형	정(鄭) 종(鍾) 욱(旭) (旭: 빛나다, 아침 해)
숫자형	370 320 03
영문형	Sunny Ten JEONG 빛나는 열 정

6.
이러다가 차가 산으로 갈 수도

어떤 조직이나 생활 속에서든 올바른 목표와 방향 제시는 매우 중요하다.

필자가 경험한 도로변에 있는 마을명 표지석과 산책로 바닥에 쓰여 있는 거리 안내 글을 공유한다. 아래 좌측 사진 속 표지석의 경우 2017년 8월 해당 도로를 운행하다가 설치에 착오가 있음을 인지하고 가던 길을 멈추고 내려 촬영한 사진이다. 통상 가운데를 중심으로 위에 안내되는 정보가 진행 방향으로 직진 시 다다를 동네를 안내하는 것이고, 아래의 글은 지나온 동네의 정보를 표시하는 게 사회 통념상 사용되고 있는 원칙이다.

그러나 안타깝게도 표지석의 앞뒷면을 바꿔 잘못 설치한 경우로서 실제로는 지나온 마을이 고성리이고 잠시 후 용산리에 도착하게 된다. 4년 후 용무가 있어 재방문 시에도 그대로였다. 다시 3년이 지난 24년도 7월, 지방의회 후반기 개원 및 군의장 취임 축하차 방문할 일이 있어 그 길을 오랜만에 다시 찾게 되었다. 궁금하기도 해서 일부러 돌아갔다는 게 맞는 표현이다. 근처에 터널이 생겨 굳이 그 길로 돌아가지 않아도 되는 상황이었다. 그런데 정말 다행히도 아래 사진과 같이 앞뒷면이 돌려져 바르게 설치되어 있어 속이 다 시원했고 감사했다. 물론 자동차의 내비게이션이 안내를 잘할 텐데 하고 지나칠 수도 있겠지만, 세상이 아름다운 것은 우리들만의 약속이 있고 지켜야 할 것은 지켜야 하기 때문이 아닐까?

17. 8. 6. 촬영

앞으로 달리면
'고성리'겠지?

24. 7. 1. 방문 시 바로 설치

(그런데) 지나온 마을이
'고성리'이고 진행 방향이
'용산리'라는 사실

　다음은 동네 산책로의 사례로 총연장 길이 2,800m를 200m 단위로 바닥에 안내 글이 적혀 있다. 그런데 이 경우에도 아래 좌측 사진에서 보는 바와 같이 통상 화살표 방향으로 진행 시 남은 거리를 뜻하는 경우가 일반적이지 않은가? 그렇다면 양쪽 거리 표시를 바꿔 안내하는 게 맞을 것 같다. 실제로도 1,800m를 걸어왔고 1,000m가 남은 상태다. 바로 20여 m 뒤에 세워져 있는 표지판 정보의 경우 화살표 진행 방향으로 1.0km라고 안내되고 있으니 두 정보가 분명 다르지 않은가? 참 안타깝다. 1,000m와 1km가 다른 뜻인가 보다.

필자의 주장을 검증하기 위해 '카톡' 투표 기능을 통해 지인들에게 설문 조사 결과 25명 중 23명이 '1,800m 남았다'는 항목에 투표해 주심에 따라 결국 많은 시민에게 잘못된 정보를 주고 있다는 사실을 방증할 수 있었다. 등산로와 해로나 항로를 가정해 볼 경우 엄청난 대형 사고가 우려되는 상황으로서 두 사례 모두 부주의가 심하다 싶다.

종료 지점까지
'1,800m' 남았구나?

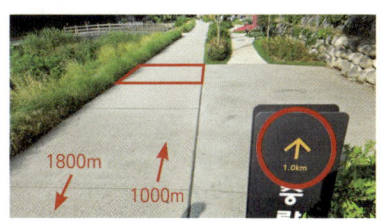

안내 표지판에는 1,000m

(그런데) 1,800m를 걸었고
종착지까지 1,000m 남음

7.
남산에 〈저소나무공원〉 대박

서울의 랜드마크이자 대표적인 관광 명소라고 하면 남산공원을 들 수 있다.

정상에는 N서울타워, 봉수대, 팔각정, 전망데크 등이 저마다 사연을 간직한 채 방문객들에게 볼거리와 소중한 얘깃거리를 제공하고 있다. 요즘은 주변 난간에 걸려 있는 사랑의 자물쇠가 또 다른 관광 명물이 되어 버렸다.

그리고 팔각정에서 내려다볼 때 좌측으로 큰 의미 없어 보이는 소나무 몇 그루가 아래 사진처럼 우뚝 서 있다. 우리나라 산에서 흔히 볼 수 있는 소나무다. 옛말에 "못난 소나무가 고향 선산을 지킨다"라는 속담이 있다. 이때 등장하는 소나무 중 우등생 격인 곧고 수려하게 자란 소나무는 재목으로 쓰기 위해 베어 가거나, 괴이하면서도 특이한 소나무는 분재용으로 송두리째 뽑혀 간다고 했다.

남산 정상의 소나무 식재 장면

그때 번쩍 애국가의 가사가 생각났다. 스토리텔링이 대세인 요즘 조금은 허황된 생각이라고 할지 모르나 소박한 아이디어가 히트 상품을 만들 수도 있는 만큼 애국가 2절에 나오는 "남산 위에 저 소나무 철갑을 두른 듯…" 구절과 연결고리를 만들어 울릉도에 '너도밤나무'가 생겨난 전설처럼 스토리가 있는 공원 말이다.

'일명 〈저소나무공원〉을 조성하면 어떨까?' 하는 생각이 들었기 때문이다.

원래 남산에는 소나무들이 울창하였으나 일본인들이 우리의 정신을 빼앗기 위하여 소나무를 베어 내고 아카시아 등 잡목을 심어 산의 경관을 많이 해쳤다 한다. 국내에서 가장 품위 있는 소나무(예: 금강송)를 엄선해 이동 식재하고 공원을 조성한 후 스토리를 입혀 서울의 새로운 명소로 키워 보는 것은 어떨까?

프랑스 파리의 대표적인 관광 명소 에펠탑도 건축 당시에는 철로 만든 탑이 들어서면 파리의 고전적인 미관을 해친다는 반대 목소리로 처음 건설할 때부터 20년 뒤에 해체할 예정이었다고 한다. 그러나 지금은 어

이제 막 건축이 시작되던 에펠탑(1888년)

떤가? 프랑스 파리를 생각하면 가장 먼저 떠오르는 것이 에펠탑이다. 파리 여행 시 다른 것을 다 봐도 에펠탑을 보고 오지 않으면 파리에 다

녀오지 않은 듯한 기분이 든다고 할 정도다. 이런 측면으로 볼 때 에 펠탑이 1889년 파리 만국박람회를 기념하기 위해 건축되었다는데 그로부터 100년 후에 개최된 88서울올림픽의 대표 상징물은 무엇이 있 있을까? 또한 파리의 대표적 관굉 코스 중 하나로 손꼽히는 것이 센강의 유람선이다. 그런데 강폭만을 봤을 때 서울 한강의 1/5 수준에 불과하다. 그럼에도 관광객이 끊이지 않는 데 비해 한강의 경우 유람선 관광객이 적은 것은 한강 주변에 역사적 건축물이나 명소가 없기 때문이다. 역사가 당시를 살아간 국민의 발자취이듯 스토리를 만들어 가는 것은 국가 지도자와 시민의 몫이라고 여겨진다.

정상의 소나무공원과는 별도로 남산 전체적으로는 나라의 꽃 무궁화와 우리나라 강산에서 흔히 볼 수 있고 익숙한 소나무, 진달래, 개나리, 복숭아 등을 집중 식목 및 관리하면 좋겠다. 뉴욕 맨해튼의 센트럴파크 규모의 도시공원으로 조성하여 광화문을 중심으로 북악산, 인왕산, 낙산과 남산을 잇는 옛 한양도성을 널리 알리는 프로젝트를 추진하면 좋겠다는 생각이다.

8.
무궁화는 말뿐인 나라꽃입니다

우리나라에는 현재 '대한민국 5대 상징물'이 있다. 국기(태극기), 국가(애국가), 국화(무궁화), 나라도장(국새), 나라문장(국장)이다.

하지만 이를 규정하고 있는 형태는 각각 다르다. 태극기는 법률('대한민국국기법')로, 국새와 나라문장은 대통령령('국새 규정', '나라문장 규정')으로, 애국가는 지난 2010년 7월에 제정된 대통령 훈령인 '국민의례 규정'에 있다. 그러나 국화인 무궁화는 아무런 법적 규정 없이 관행으로 나라꽃 역할을 하고 있다.

우리나라의 나라문장

우리나라 애국가에도 "무궁화 삼천리 화려강산"이라고 자랑스러워한다. 꽃말도 '일편단심'으로 변하지 않는 마음을 의미하는 꽃이다. 더군다나 대한민국을 상징하는 문장 외에도 국회 등 국가기관의 많은 휘장에도 널리 사용되는데도 불구하고 법률이나 조례가 아닌 관습적으로만 나라꽃으로 인정되고 있다는 사실에 놀라울 따름이다.

신라시대 이후 우리 민족의 얼과 한이 담겨 있는 나라의 꽃으로 자리매김하고 있기에 민족 화합과 정통성 확립을 위해서라도 법제화 추진에 앞장서야겠다. 일제 강점기에 그들이 말살하려 했던 것도 무궁화가 국화였다는 방증이며 결기를 가지고 맞서 싸우던 애국지사들도 지키려 했던 상징물이 아닌가? 몇 차례 입법을 추진하다가 국론을 분열시킨다느니 가로수로 적합하지 않다느니 각가지 이유로 폐기를 거듭하고 있다. 국민 공감대도 필요 없다고 본다.

이러한 상징물을 기리기 위해 청와대나 용산공원 부지를 무궁화공원으로 적극 활용했으면 좋겠다. 특히 용산 지역은 100여 년 전부터 외세군대의 주둔지로 널리 사용되다가 최근 반환될 정도로 숱한 아픈 기억이 서려 있는 장소이다. 이곳에 국가 차원의 대단위 〈무궁화공원〉으로 조성한다면 남산과 용산 무궁화공원을 주변 국립중앙박물관, 전쟁박물관, 덕수궁 등을 연계한 역사 관광 패키지 상품으로 만들어 나라꽃 위상 제고와 민족의 정기와 평화 통일을 염원하는 교육의 장으로 활용하면 좋겠다는 생각이다.

이와 관련한 또 하나의 슬픈 현실은 종로에 있는 '서울기상관측소'에서도 찾아볼 수 있다. 이곳에는 서울 기준 개화 시기 등을 발표할 때 기준이 되는 10여 종의 '계절관측 표준목'을 보유하고 있다. 대표적으로 벚나무의 공식 개화와 활짝 핌 시기를 여기서 발표한다. 그러나 국화인 무궁화 표준목은 찾아볼 수 없다. 상징적으로라도 있어야 하지 않을까 한다. 보이지 않는 무언가가 있는 것 같다는 생각을 지울 수가 없다.

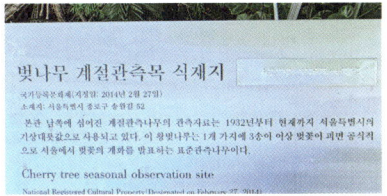 

또한 벚나무의 경우 여의도 윤중로처럼 대단위로 조성된 군락 단지가 전국적으로 수십 개에 달해 각각 개화 시기를 관측한다. 반면, 무궁화의 경우 대단위로 조성된 공원이나 군락지마저 그리 많지 않다.

서울의 경우 강서구에 있는 서울식물원 무궁화원 정도다. 각 지자체 역시 무궁화를 기념하는 사업을 추진하거나 행사를 열고 있는 곳이 수십 곳에 달함에도 불구하고 국민에게는 많이 알려지지 않았을 뿐만 아니라 이동식 화분을 행사용으로 전시하는 경우가 대부분이다. 현재 2007년부터 기념하고 있는 '무궁화의 날'도 민간단체의 주도로 시행되고 있으며, 행사들이 많이 알려지지 않고 크게 활성화되지 않는 것은 공식적인 국화나 기념일로 지정되지 않았기 때문이다.

벚꽃이 필 때면 전국 지자체가 온통 축제를 준비하고 성대하게 여는 모습과 대조적이다.

하루속히 정부와 국회는 무궁화에 대한 국민적 인식과 관심을 높일 수 있게 국화 법제화 추진에 적극 앞장서 주길 바랄 뿐이다. 특히 수도 서울의 핫 플레이스인 청와대나 용산공원 부지에 '무궁화공원'을 대규모로 조성하여 우리 민족과 함께한 무궁화에 대한 참된 의미와 소중함을 일깨워 주고, 전국 지자체별로도 소규모 공원, 가로수, 하천 변 등에 있는 국화 관리를 체계적으로 진행해야겠다.

현재 무궁화 관련 법률은 산림청이 주무 부서인 『산림자원의 조성 및 관리에 관한 법률(약칭: 산림지원법)』 제2장 제8절 무궁화의 보급 및 관리(2016. 12. 2. 신설)에 의거 산림자원의 조성과 육성이라는 측면으로 접근하는 게 고작이다. 어찌 국화가 산림자원 용도로 밖에 보호·관리받지 못하는 처지로 전락했는지 안타깝다.

심지어는 산림청의 '2022년 무궁화 국민인식도 조사' 결과 꽃나무 선호도는 8위에 그쳤고, 가로수 중 무궁화 비중은 5%(벚꽃 15%) 머무르는 수준이다. 가로수의 경우 적당한 크기가 있어야 그늘도 제공하고 조경에 유리하다고 한다. 일부 지자체처럼 가로수에 맞는 품종 선택 및 체계적인 조경 등 관리를 통해 멋진 가로수로 조성하는 정책을 넘어 지역 주민에게 '1가구 1국화 가꾸기' 지원 사업을 펼쳐 보는 것도 좋겠다.

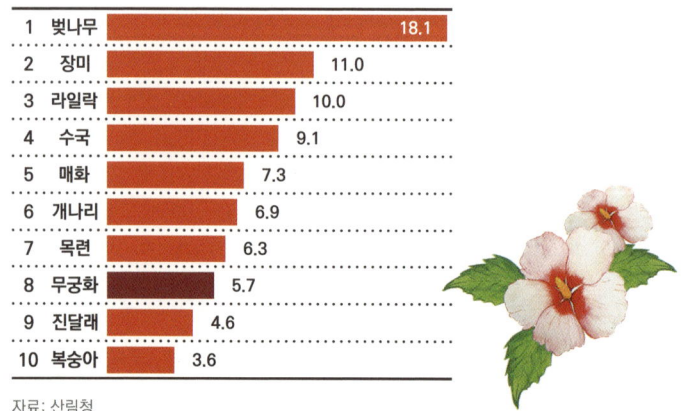

꽃나무 선호도 8위에 그친 무궁화

단위:% ·조사기간 2022년 8월 8일~15일

순위	꽃나무	%
1	벚나무	18.1
2	장미	11.0
3	라일락	10.0
4	수국	9.1
5	매화	7.3
6	개나리	6.9
7	목련	6.3
8	무궁화	5.7
9	진달래	4.6
10	복숭아	3.6

자료: 산림청

아침에 피어 저녁에 진다고 '조개모락화(朝開暮落花)'로 불리기도 했다. 다만 벚나무야 개화해서 만개하기까지 걸리는 시간 일주일과 만개 후 지는 시간 일주일 정도가 전부인 반면 무궁화는 7월 초에서 10월까지 100여 일 동안 매일 20~50송이의 크고 화려한 꽃이 피고 지기를 반복하는 끈기와 적응력을 보여 주고 있다.

중국은 동북공정이니 일본은 다케시마니 하며 역사 왜곡을 일삼고 있는 엄중한 시기에 전 국민이 국화라고 알고 있는 무궁화가 온전한 관리나 대우받고 있지 못하다면 마치 홍길동이 아버지를 아버지라 부를 수 없었던 것과 무엇이 다르겠는가? 무궁화는 조선 시대에 임금이 과거에 합격한 사람에게 하사한 '어사화'이기도 했다.

경주시 천북남로 약 4km 구간에 있는 1,500여 그루가 심어진 무궁화 거리
(출처: 경주시청)

9.
한강의 漢江은 韓江이 맞을 듯

    우리나라의 어문정책을 보면 1970년 대통령령으로 한글전용법이 공포되면서 각급 교과서가 한글 전용으로 개편되었다. 그러나 우리말의 70%가 한자어로 구성되어 있는 관계로 어휘력 향상 등을 이유로 한자병기에 대한 찬반 논란은 진행형이다. 그런데 한자병기와는 완전히 다른 차원의 사회적 합의가 필요한 단어가 있다. 바로 한강이다.

    한강의 이름은 본래 우리말의 큰 물줄기를 의미하는 '한가람'에서 유래되었다고 한다. '한'은 '크다, 넓다, 길다, 가득하다'의 의미이며, '가람'은 '크고 넓은 강'이라는 강의 옛 이름이다. 그러므로 한강은 크고 넓으며 가득한 물이 흘러가는 강이라는 뜻이다. 그런데 왜 우리말에서 유래되었다면서 한문은 중국 한나라 한(漢)인가?
    지금 우리가 한글 전용으로 표기하다 보니 덜 문제시되거나 무심결에 지나치고 있는지는 모르겠으나 국론화시킬 필요가 있다고 본다. 사대주의를 떨치자고 하면서 이런 것 하나 정리하기 어려울까?

    '한강의 기적'이란 말도 있듯이 한강은 한국(韓國)을 대표하는 강이다. 그런데 한강의 한자가 漢江이란 게 말이 되는가? 한강의 역사적 유래는 차치하고 대안만을 제시하려 한다. 한의학의 경우 중국 한의학(漢醫學) 원리를 기반으로 하고 있어 본래 한국에서도 한자 표기가 한의학(漢醫學)이었다 한다. 그러나 한국에서 독자적으로 발전되었다는 점에서 이후 한자를 한의학(韓醫學)으로 고친 경우가 있다. 유사한 사례로 부산의 영문 표현이 예전에는 Pusan이었으나 로마자표기법 개정으로 Busan으로 변경됐다. 한의학이나 부산이라는 본질은 바뀌지 않고 한자와 영자만 변경한 사례이다.

그렇다면 한강의 경우 우리 민족이 삼국시대 이전의 삼한(三韓: 마한, 진한, 변한)시대부터 한(韓)이라는 한자를 사용한 역사적 사실과 조선말 고종 황제가 국호를 정할 때 한(韓)을 사용하여 '대한제국(大韓帝國)'이라고 선포한 것을 참고할 필요가 있다. 한족(漢族)을 뜻하는 한(漢) 자를 한국의 한(韓) 자로 표기만 바꾼다면 명칭을 변경하는 데 따른 국민적 저항이나 불편을 최소화할 수 있다고 보며 백번 합당할 것이다.

결국 국가명이 대한민국(大韓民國)이고 한국의 대표적인 강이 한강이므로 한국(韓國)의 한(韓) 자를 써서 한강(韓江)으로 표기하면 될 것이다.

그동안 '한국 나이'니 '세는나이'라고 부르던 나이 체계를 23년 6월 28일부터 관련 법을 개정하여 '만 나이'로 통일시킨 것처럼 어려운 일도 아닐 것이다. 정말 한강의 기적을 바랄 뿐이다.

변경 전	본질	변경 후
漢藥	한약	韓藥
漢醫學	한의학	韓醫學
Pusan	부산	Busan
세는나이	생일	만 나이
漢江	한강	韓江

10.
제주도민(道民)과 제주도민(島民) 중 어느 게 맞을까요?

뜬금없이 무슨 소리냐고 하실 분들이 계실 것이다. 제주도에 거주하시는 분들에게 '도민이신가요? 섬에 사시는 주민이신가요?'라고 묻는다면 후자에 대해 '뭔 소리여?'라며 서운해하실 것 같다. 아주 옛날 탐라국 시절의 섬나라도 아닌데 말이다. 얘기인즉슨 이렇다.

제주도는 우리나라 행정구역상 엄연한 광역지자체이며 가장 먼저 특별자치도로 승격한 도이다. 그런데 일부 포털의 경우 '제주도'를 검색하면 이렇게 안내한다. 한글로 '제주도(탐라)'라 적고 그 아래 줄에 '濟州道(耽羅) | Jeju Island(Tamna)'라고. 그런데 뭐가 좀 이상하지 않은가? 섬 이름을 '탐라도(島)'라고 바꿔 부르지 않는 이상 제주라는 섬을 뜻할 때도 '제주도(島)'라고 부르고 있어 혼선이 있는 것은 당연할지도 모른다. 그러나 위의 경우 행정구역을 뜻하는 '濟州道'라고 적고 영어는 왜 섬을 뜻하는 'Jeju Island'로 적는가 말이다. 'Jeju Province'라고 표기하는 게 맞다고 본다.

제주도(탐라)
濟州道(耽羅) | Jeju Island(Tamna)

같은 사례다. 아침 라디오방송을 들으며 산책 중의 일이다. 한국어와 영어를 혼합해서 진행하는 교양 프로그램이었다. 대부분 라디오 방송이 그러하듯 중간중간 전국 날씨 정보가 안내되고 있었다. 그런데 지역 날씨를 인내하면시 도 단위 지역의 경우 'Province'라고 빙송하다가 제주도는 매번 'Island'로 방송하고 있는 게 아닌가? 위의 포털과 동일한 형태다. 이 경우 지역 날씨 정보이기에 같은 '도' 개념으로 'Province' 단어를 사용해야지 '섬'을 뜻하는 'Island'를 구사하는 것은 아니다 싶다. 거제도, 강화도 등과 같이 섬 날씨 정보를 안내하는 코너였다면 'Island'로 안내하는 게 맞지만 말이다. 물론 맥락상 청취자가 이해하고 소통하는 데는 아무 이상 없지만 육지와 섬을 구분해서 전하는 날씨가 아니지 않는가?

위 두 사례의 경우 제주도가 워낙 섬이라는 고정관념이 강하다 보니 관행적이고 관습적인 표현이자 당연함의 결과라고 생각했다. 해석하기에 따라서는 제주도민의 경우 도 단위 광역자치단체임에도 불구하고 일개 섬으로 격하시키고 있다는 오해를 받을 수 있는 상황이기도 하다.

아울러 광역지자체 중 일반과 특별 지자체의 영문 표기도 각양각색이다. 미국에서 사용하고 있는 State와 Province의 경우 둘 다 지방행정구역 단위를 뜻하는 단어이지만 자치성의 강도에 따라 구분하고 있다. 이에 우리나라에서도 최근에 특별자치도로 승격한 강원도와 전라북도의 경우 타 도와 다르게 Province 대신 State를 사용하고 있다. 다만 먼저 특별자치단체로 승격한 제주와 세종 두 지자체의 경우는 또 다르게 사용하고 있었다.

구분	자치단체	영문
도	경기	GYEONGGI PROVINCE
	경북	Province of Gyeongsangbuk-do
특별 광역	서울	Seoul Metropolitan Government
	부산	Busan Metropolitan City
	인천	Incheon Metropolitan City
특별 자치	세종	SEJONG CITY
	제주	Jeju Special Self-Governing Province
	강원	GANGWON STATE
	전북	JEONBUK STATE

* 자치단체 홈페이지 기준(2024. 7. 31.)

물론 State 연합이라는 의미에서 미합중국(United States of America)이라 부르는 미국에서도 50개의 주 중 4개 주(매사추세츠, 펜실베이니아, 버지니아, 켄터키)의 경우 State 대신 Commonwealth를 사용하고 있으니 자치적 판단이야 존경한다. 다만 자치단체마다 영문 표기를 달리 적용하는 경우 중앙정부의 통일된 지침이나 안내가 필요하지 않을까 싶다.

State	주(州)	한 국가에서 구획된 행정구역. 강한 자치성 부여. (미국, 인도, 호주 등) * 한국의 특별자치도
Province	도(道)	한 국가에서 구획된 행정구역. 약한 자치성 특징. (캐나다, 네덜란드, 벨기에, 필리핀 등)
Commonwealth	연방	'공화국, 공화정'으로, republic과 동의어. (영연방, 호주연방, 미국(매사추세츠주 등 4개 주))

관찰은 오감(五感)으로 넓게 47

11.
알고 보아야 더 흥미롭다

    2024년은 제33회 파리 하계 올림픽이 열린 해였다. 1924년에 이어 꼭 100년 만에 문화 수도인 파리에서 다시 열린 이번 올림픽의 키워드는 친환경과 비용 절감이었다.

    기존 올림픽의 경우 경쟁적으로 화려하고 웅장하게 주 경기장을 신축하는 등 대형 공사가 관례처럼 여겨졌다. 그러나 이번 올림픽은 '수리와 개선'이라는 기치 아래 친환경 정책을 펼쳤다. 특히 문화의 도시답게 기존 역사적 건축물과 시설을 경기장으로 활용한 정책은 비용 절감은 물론 관람객을 만족시키기에도 부족함이 없었다고 생각한다. 탄소 배출 감축과 함께 천문학적인 투자가 수반되는 경기장의 경우 대회가 끝난 뒤 세금만 낭비하는 '애물단지'로 전락하는 사례를 반복하지 않겠다는 혁신에 가까운 시도였기 때문이다.

    선수촌 내 '노 에어컨' 및 수질 문제로 센강에서의 일부 경기가 차질을 빚는 해프닝도 있었지만, 향후 치러질 올림픽에 긍정적인 방향을 제시한 '새로운 모델'이라는 점과 '기후 회복 프로젝트'라는 큰 방향성에선 찬사를 받아 마땅하다. 이처럼 당연함이란 과거를 허물고 새로움이라는 미래와 함께 호흡하는 대회였다고 생각이 든다.

　대회의 하이라이트라고 할 수 있는 센강에서의 보트 개막식은 특히 인상적이었다. 각국 선수단은 화려한 전통의상이나 유니폼을 입고 국가를 상징하는 국기를 휘날리며 입장한다. 또한 경기장마다 자국의 국기를 흔들며 선수단을 열렬히 응원한다. 그런데 각국의 국기를 자세히 보면 비슷한 형태나 유사한 색상이 많은 것을 알 수 있다. 국기를 통해 문화적, 역사적 공통점을 나타내고 있기 때문이다.

　십자가 형태의 국기는 기독교 중심의 문화를 중시하는 북유럽 지역에서, 이슬람 국가에서는 신성시되는 초록색이 꼭 들어가 있고, 러시아를 대표로 슬라브족은 빨강, 하양, 파란색으로 주로 사용하고 있다. 한편 문장(국장), 별 등을 통해 이데올로기도 표현된다. 특히 가로줄이나 세로줄로 구성된 삼색기가 많이 보였을 것이다. 세로줄 모양의 삼색을 사용하는 나라로는 국기명 자체를 '삼색기'라고 부르는 프랑스를 비롯하여 이탈리아, 벨기에, 루마니아, 아일랜드 등이 있고, 가로줄 모양의 삼색기는 네덜란드, 독일, 러시아, 헝가리, 불가리아, 세르비아, 스페인, 오스트리아 등이 있다.

　이유로는 이들 국가 대부분이 선진국이었던 프랑스와 네덜란드가 삼색기를 사용하니 도입하게 되었다는 설과 프랑스 시민 혁명 이후 자유, 평등, 박애 정신을 기리며 삼색을 국가별로 자신들에게 상징적 의미를 부여했다는 설, 그리고 기독교의 가장 중요한 원칙인 삼위일체에서 유래를 찾기도 한다. 아울러 유럽 외 지역에서는 과거 제국주의 시대의

식민지였던 국가에서도 그 영향을 찾아볼 수 있다.

역사적으로 보면 스페인, 포르투갈, 영국, 네덜란드, 프랑스 등 대항해시대에 선박 또는 전장에서 식별용으로 게양하였다. 더 나아가 국가 아이덴티티를 시각적으로 나타내 국민의 자부심과 정체성을 상징하기도 한다.

* 각국 국기마다 가로세로 비율이 달라 가로 길이가 다름에 유의

마침 지난 6월 서울시에서 '광화문광장 국가상징공간 조성' 관련

100m 높이의 초대형 태극기를 설치한다는 뉴스를 본 적이 있다. 서울시가 상징물로 태극기를 선정한 이유에 대해서는 "태극기는 3·1운동, 서울 수복, 1987년 6월 항쟁 등 대한민국 국민과 역사를 함께하며 희로애락을 나누고, 월드컵·올림픽 등에서 국민을 단합시키는 역할을 했던 대표적인 국가상징물"이라고 설명했다. 역사적·문화적·시대적 국가상징공간을 조성한다는 계획이다. 그러나 '지나친 애국주의', '조망을 해친다', '여론 수렴 절차를 거치지 않았다', '서울시장 미쳤나 보다' 등의 비판이 잇따랐다.

그러나 필자가 2002년 미국 방문 시 관공서는 물론 쇼핑몰이나 상점 앞에도 대형 성조기가 게양된 것을 보는 순간 놀라웠고 지금까지도 인상적이다. 지금도 미국인은 성조기에 열광한다. 미국인의 국기 사랑은 '국기의 날' 제정 및 오래된 성조기를 모아 현충일에 소각하는 '성조기 퇴역식' 등에서 잘 알 수 있다. 미국뿐만 아니라 선진국이나 강대국일수록 국기에 대한 사랑이 크다는 것을 알 수 있다. 무궁화의 국화 지정은 이래서 어렵고 태극기 게양은 이래서 안 되고 그럼 과연 태극기는 독립운동 시절 이후 스포츠 국가대표 응원용 깃발인가?

앞서 〈저소나무공 인〉 부분에서 언급했던 에펠탑도 처음에는 관심도 없거나 철거해야 한다는 목소리가 컸는데, 계속해서 마주치다 보니 나중에는 친근해져 지금까지 존치되어 오고 있다. 이렇게 호감도가 증가하는 현상을 가리켜 '에펠탑 효과'라고까지 한다. 더군다나 이번 올림픽에는 에펠탑에 대형 오륜기 조형물을 설치했다가 아예 가벼운 것으로 대체하여 영구히 설치하자고까지 하고 있다. 재미난 대목이다.

일부 TV에서 '올림픽'이라는 단어를 왜 모자이크 처리할까?

올림픽 종료 후 메달리스트들이 많은 방송 프로그램에 출연하는 장면이 전파를 탔다. 그런데 이상하게도 일부 방송사의 경우 올림픽이라는 단어를 '올★픽' 또는 '★림픽'으로 표기하거나 모자이크 자막 처리한 상태로 방송되는 화면을 보셨을 것이다.

〈유 퀴즈 온 더 블럭〉 프로그램에서 ★표 처리된 '올림픽'

왜 그랬을까? 그것은 바로 '올림픽'이 상표명이기 때문이다. 상표명이라서 저작권에 저촉되기 때문에 그대로 쓸 수 없다고 한다. 엄청난 중계권료가 발생하는 상표권으로 인해 중계권이 정식으로 없는 방송에서는 올림픽이라는 단어조차 그대로 사용할 수 없게 된 것이다. 물론 필자가 봤던 채널도 지상파 방송이 아닌 예능 버라이어티 채널이었다.

서울 기준 지구 정반대 편은 어디일까?

올림픽 관련 방송을 보다 일부 출연자들이 국가를 설명할 때 미국이나 호주 지역을 지구 반대편이라고 표현하는 경우를 봤다. 그러나 어떤 특정한 지점을 기준으로 완전히 지구 반대편 위치의 한 지점을 일컫는 대척점의 경우 지구의 중심을 가로질러 정반대 편이어야 하므로, 낮과 밤 그리고 계절 모두 충족하는 지역이어야 한다.

그럼 과연 서울 기준 정반대 편은 어디쯤일까? 미국은 낮과 밤 기준으로 반대이고, 호주는 남반구에 있어 계절적으로는 반대 지역이 맞다. 그러나 미국과 호주를 사람의 콧등을 기준으로 비교하여 설명한다면 뒤통수가 미국쯤이라면 호주는 발가락 격이다. 정반대라 하면 적도에 해당하는 허리와 신체의 중심을 가로질러 정반대여야 하기에 콧등에서 상하좌우가 모두 반대인 신체는 발뒤꿈치 쪽이 대척점이 된다.

서울은 경위도 기준으로 동경 127도, 북위 37.5도이다. 그러면 서울 기준 경도는 동서 방향으로 180도 반대 지역이어야 하는 만큼 기준이 되는 본초자오선(영국 그리니치천문대) 기점으로 서경 53도(180-127) 지역에 해당되고, 위도는 서울이 적도를 중심으로 북쪽으로 37.5도이니 반대는 남쪽으로 37.5도 지역이겠다. 결국 서경 53도, 남위 37.5도 지역이 정반대이다. 나라로 치면 남아메리카에 있는 우루과이 앞바다에 해당된다고 한다.

영국 런던의 그리니치 천문대 앞 본초자오선

12.
과연 팽이는 멈추고 싶을까?

대형 수족관(아쿠아리움)에 가거나 영상을 보면 맨 위에서 유유히 헤엄치고 있는 상어를 볼 수 있다.

바다에서 유유히 헤엄치는 상어

우리나라 남해에서도 목격되고 있는 상어는 육지의 사자나 호랑이처럼 바다의 최상위 포식자로 알려져 있다. 그런데 상어의 특징을 보면 움직이지 않고는 살 수가 없어 평생 하루 종일 헤엄을 쳐야 한다는 사실이다. 그 이유는 뜨고 가라앉는 기능을 조절하는 부레가 없고 아가미가 일반어류와 다르기 때문이다. 따라서 가라앉지 않으려면 계속해서 움직여야 한다. 이처럼 상어의 아가미는 능동적으로 움직일 수 있는 운동기능이 없어 입을 벌린 상태로 계속 헤엄쳐야지만 물이 아가미를 통해 들어와 산소를 공급받아 살 수 있는 구조다.

그렇다면 이런 상어가 바다의 왕자가 될 수 있었던 이유는 무엇일까? 태어나면서부터 쉬지 않고 움직여야만 했던 상어는 부레 대신 그 기능을 하는 기름진 간, 끊임없이 움직이면서 갖춘 강한 몸과 민첩성, 특화된 호흡 방법, 뛰어난 감각기관 및 신체 구조를 통해 약점을 극복한 결과, 상어는 바다에서 매우 강력한 포식자로 자리 잡을 수 있었던 것이다.

그리고 한국의 전통 민속놀이인 팽이치기가 있다. 어린 시절 많이 즐겼던 놀이이다. 그러나 그 팽이는 외부 요인이 없다면 얼마 가지 못해 곧 넘어지고 만다. 맞지 않고는 살 수가 없다. 그것도 제자리에서 돌뿐이다. 어쩌다 팽이채로 세게 한 대 맞아야만 옆으로 튕겨져 나가 돌아갈 뿐이다.

팽이치기 놀이

그렇다면 과연 팽이는 멈추고 싶지는 않을까? 생명체라면 쉬고 싶을 것이다. 그러나 멈추면 죽고 살기 위해서는 계속 맞아야 하는 딜레마에 빠진다. 사느냐 죽느냐 이것이 문제일 수 있다. 이진 시인의 〈팽이〉라는 시에 "채찍으로 때려다오, 돌고 돌아야만 설 수 있는 세상, 나는 돌고 싶다, 잠시라도 멈추면, 바닥으로 나동그라질 뿐(생략)"이라는 구절이 있다. 시인은 채찍을 맞고 돌아가는 팽이를 삶의 한 자세로 노래했다. '나는 돌고 싶다'라는 표현에서 팽이의 절박함이 엿보인다. 서기 위해서는 돌아야 하고 돌기 위해서는 맞아야 하는 팽이이기 때문이다. 돌지 않는 팽이는 활동성을 상실한 무의미한 삶을 표상한다.

헤엄을 멈추면 살 수 없는 상어나 맞지 않고는 살 수 없는 팽이처럼 성공한 많은 정치인이나 기업가, 발명가들은 끊임없는 도전과 창의력으로 역경을 딛고 새로운 먹거리를 개척해 왔다. 세상의 모든 사람들은 제각각 약점과 장점을 가지고 있다. 그렇기에 누구나 자신의 약점을 장점으로 바꾸는 노력과 함께 불평이 아닌 역경에 도전하는 마인드셋을 통해 성장해 나가고 있다. 바로 진화해 나가는 것이다.

삶에 있어 고통 없이 얻어지는 것은 없다. 팽이를 돌게 하는 '채찍'은 동기부여요 창조의 동력이다. 경쟁에서 뒤처지거나 죽지 않기 위해서는 부단한 변화와 혁신이 필요하다. 궁리하고 고민하고 실패했거나 오래된 것들은 새롭게 해야 한다. 채찍을 두려워하지 않고 실패하더라도 다시 일어나야 한다. 누군가의 도움이 아닌 자기 스스로의 힘으로 말이다. 삶을 영위하기 위해서는 남들보다 더 열심히 더 많은 땀을 흘리며 노력해야 한다. 동기부여가 되더라도 업무를 잘 못하는 사람이 있는

가 하면, 동기부여 없이도 일을 잘하는 사람도 있다. 상황이 좋든 나쁘든 힘들 때든 기쁠 때든 동기부여가 되지 않을 때라도 해야 할 때는 해야 한다. 그때 필요한 것이 '책임감'과 '집중력'이다. 박용후 관점디자이너는 "긍정적인 사람은 한계가 없고, 부정적인 사람은 한 게 없다"라고 정의했다. 그러면서 자신에게 이런 질문을 권한다. "뒤돌아보면서 변화를 알 것인가? 변화를 느끼면서 미래를 바꿀 것인가?"라고.

이때 중요한 것은 실패에서 교훈을 얻고 포기하지 않고 일어나는 도전 정신이다. 실패의 쓰라림이 약이 되고 체질이 개선되어 더 강한 버전의 자신을 만들어야 한다. 남들 하는 만큼 하는 것은 노력이 아닐 수 있다. 그리고 자신을 이기지 못하면 남을 이기지 못한다고 생각한다. 역경을 대비하고 성공하기 위해서는 평소에도 안주하지 않고 사업가적인 마인드를 바탕으로 자기 계발과 창의적인 사고를 통한 미래지향적인 자기애가 강한 '꾼'이 필요한 시대다.

몇 년 전 시골 도서관 개관식 행사에 참석했을 때 벽에 그려져 있던 글이 인상적이라 사진으로 찍어 온 게 있다. "열심히 공부 안 하면 더울 때 더운 데서 일하고, 추울 때 추운 데서 일한다."라는 글귀였다. 그런데 나중에 알고 보니 방송인 박명수 씨의 명언이란다. 그의 어록집을 잠시 살펴보면 굉장히 직관적이고 현타적이다. "시작은 반이 아니다. 시작일 뿐이다." "인생은 한 방이 아니다." "티끌 모아 봤자 티끌이다." "참을 인 세 번이면 호구다." 등등.

필자는 팽이한테 묻고 싶다. 그만 쉬고 싶은지를…. 우리 모두 똑바로 설 수 있도록 자신에게 채찍을 들자.

화천도서관 개관식 및 실내 벽면 촬영 사진(2017. 7. 20.)

13.
동물들도 사람 말을 배워야 하는 이유

이번 코너에서는 우스갯소리로 시작해 보려 한다. 어느 날 LA에 거주하는 미국인 한 중년 부부가 한국어를 배우겠다며 학원을 찾았다. 학원 직원이 궁금하여 중년 부부에게 "한국으로 여행 가실 일이라도 있으신가요?"라고 물었다. 그랬더니 그 부부가 하는 말이 "얼마 전 한국에서 어린아이를 입양했는데 자라서 한국어를 할 테니 미리 배워 놓으려고요."라고 답했다. 비즈니스 유머였지만 웃픈 이야기였다.

17년 필자가 지방 근무 시절 11월 초에 자동차를 새로 구매했다. 평일 퇴근 시간을 훌쩍 넘겨 늦은 시간에 차량을 인수했다. 먼저 집에 가서 저녁을 먹고 주유도 할 겸 시운전을 하러 집을 나섰다. 11월 초면 어둠이 내린 지 이미 한참 지나 아주 깜깜한 밤이었다. 특히 강원도 화천은 전방 지역이라 적막감마저 느껴지는 시간이었다. 시운전도 해야 하니 외곽에 있는 주유소를 찾아갔다. 주유를 하고 되돌아오는데 도로 위에서 고라니를 만났다. 우측에서 좌측으로 횡단하여 산으로 올라가려다 옹벽에 막혀 휙 돌아 내 차로 달려든 것이다. 무방비 상태로 차량 좌측에서 '쿵' 하고 부딪히는 소리가 났다. 시운전이라 서행했는데도 불구하고 순식간에 벌어진 일이다.

사택으로 돌아와 차에서 내려 살펴보니, 어찌 이런 일이 일어날 수 있단 말인가? 좌측 전조등 부분의 앞 범퍼와 펜더(Fender)라고 부르는 차체 부분이 깨지고 찌그러져 있었다. 황당과 당황 그 자체였다. 총체적 난국이었다. 그야말로 새 차가 인수 후 두 시간 만에 중고차가 되어 버린 내 인생 초유의 어처구니없는 사고였다. 이튿날 병원으로 입고되었고 열흘 만에 퇴원했다. 서행이라 다행이었지 만약 시속 60km 이상으로 달렸다면 큰 충격으로 고라니의 운명이 달리됐거나 차량의 파손 정도는 훨씬 심했을 것이라는 게 중론이었다.

인수 2시간 만에 파손된 신차

다른 에피소드다. 넓은 도로를 달리다 보면 양쪽의 산을 가로지르는 일명 '동물 이동로'를 볼 수 있다. 인왕산과 안산 사이의 무악재에도 두 산을 잇는 '무악재 하늘다리'라는 구름다리가 있다. 또한 중부고속도로와 수도권제1순환고속도로가 만나는 하남 분기점 부근에도 있다. 이런 다리들은 양쪽 산을 생태적으로 연결하여 야생동물의 이동로를 확보하기 위함일 게다.

무악재 하늘다리

 재미있는 사례를 하나 더 소개한다. 중랑천을 향해 흐르는 조그마한 지방 하천과 그 옆을 따라 예쁘게 정비된 산책로가 있다. 2~3백 미터 정도는 지상으로 전철이 지나가는 관계로 긴 교각 사이를 걸어야 하는 구간이 나타난다. 밤낮으로 많은 시민들이 산책로를 찾는다. 그런데 60여 개의 교각 중 '반려동물 배변 금지'라는 안내 푯말이 부착된 다리와 그렇지 않은 다리가 있다. 그런데 공교롭게도 배변금지 푯말이 부착된 다리는 청결을 유지하는 반면 푯말이 없는 다리는 누렇게 찌들어 있거나 흥건하다.

푯말의 유무에 따른 차이

이상 몇 가지 사례에서 살펴보며 느낀 것은 한글을 터득한 동물과 그렇지 못한 동물이 있겠더라는 사실이다. 동물 세계에도 커뮤니티가 발달하고 반상회 같은 전달체계가 있어 '동물 이동로' 위치나 '배변 예절'을 안내받은 동물이 있을 것 같다는 생각에서다. 그렇다면 필자의 차를 들이받은 고라니는 문맹이거나 안내를 못 받은 걸까? 또한 산책로의 안내 푯말이 있는 교각만 청결한 것은 반려동물이 한글을 깨쳐서 그런 것일까? 영리한 견공이라 아니 말할 수 없는 대목이다.

한편 동물 이동로의 경우 다리의 절반엔 녹지로 조성되어 있다. 동물들이 다니도록 꾸민 것이다. 그러면 과연 설치 목적대로 잘 활용되고 있을까? 동물들이 길을 내주었다고 그 길을 갈까? 우리 인간들 관점에서의 보여 주기식 행정의 결과로 그저 동물을 위한다지만 사람들을 위한 산책용 길을 만들어 놓은 게 아닐까? 지난 5월에는 다리에 LED 명판을 설치했다는 뉴스를 봤다. 등산객의 편의와 생물의 종(種) 다양성을 높이고자 한다는데, LED는 야간에 빛을 발하는 장치이기에 등산객은 많지 않을 것이고 동물들은 캄캄하고 조용해야 좋지 않을까?

물론 없는 것보다 있는 게 동물 보호 측면에서 효과적이고 이용하는 동물도 있겠으나 아주 일부일 것이다. 전국에 몇 개나 설치되어 있으며 몇 마리나 이동하는지 통계가 궁금하다. 2017년 보도자료에 의하면 연간 200만 마리 이상의 야생동물이 로드킬을 당하고 있다고 한다. 문맹인 야생동물에게 조의를 표하는 바이다.

14.
은는이와 율률이

얼지 않은 인정, 녹지 않는 추억

우리나라의 기초지자체 중 농촌 지역은 인구 감소와 고령화, 경제적 침체 등으로 인해 심각한 지역 소멸 위기에 직면해 있다. 게다가 접경 지역의 경우 국방개혁에 따른 군부대 해체는 지역 인구 감소를 넘어서, 지역사회의 공동체 기능과 경제적 활력의 상실로 이어져 심히 우려스러운 수준이다. 강원도 화천의 경우 2014년 27,351명에서 2023년말 23,275명으로 4천여 명이나 줄었다.

화천이라고 하면 제일 먼저 떠오르는 게 있을 것이다. 화천산천어축제다. 차가운 계곡에서 불어오는 바람과 청정한 물로 인해 전국에서 가장 빨리 얼음이 어는 곳이라는 데서 축제의 유래를 찾는다. 2003년도에 시작된 축제는 매년 성장해 150만 명 이상의 관광객이 축제 시기에 화천을 찾는다. 2011년 미국 CNN이 선정한 '겨울의 7대 불가사의' 중 하나로 보도되기도 했으며, 세계 4대 겨울 축제로 인정받는 등 우리나라 지자체가 개최하는 축제 중 가장 성공적인 축제로 평가받는다.

그러나 기후변화에 따른 온난화 등으로 축제 개최 여부나 시기가 변동되기도 한다. 필자가 17년도에 근무할 당시만 해도 겨울비가 내려 안전상 문제로 개막식이 1주일 연기된 적이 있다. 그래서 화천군민 모두는 남녀노소 할 것 없이 12월 초부터 맹추위가 시작되길 기원한다. 아마도 전 국민 중에 강추위를 기다리는 곳은 화천 포함 몇 군데 안 될 것이다. 얼음이 단단하고 두껍게 얼어야 산천어축제가 개최될 수 있기 때문이다. 아마도 역사적인 폭염이 기승을 부렸던 24년 겨울의 경우 춥지 않으면 어쩌지? 걱정하고 계실지도 모르겠다.

산천어축제에는 "얼지 않은 인정, 녹지 않는 추억"이라는 메인 슬로건이 있다. 그런데 그때나 지금이나 일부 언론 기사나 블로그를 보면 '은/는'을 헷갈려 혼란스럽게 사용하는 경우를 많이 볼 수 있다. 17년 당시에도 현장 광고 현수막에서도 목격되었었다. 주로 두 곳 모두 '않는'을 쓰는 경우가 대부분이다. '은는'이 정확한 표현이지만, '는는'이나 '은은' 또는 '는은'으로 쓰고 있었다. 사전적으로 '않은'과 '않는'의 차이를 살펴보면 동사 뒤에 붙어 과거를 나타내는 어미는 '~은', 현재를 나타내는 어미는 '~는'으로 결합하여 모두 활용 가능하다고 되어 있다. 가령 "졸지 않은 학생은 없었다"라는 표현은 시제가 과거이고 "졸지 않는 학생은 없었다"라는 표현은 시제가 현재이다.

필자가 여기서 다루고 싶은 것은 문법적으로도 이상 없는 슬로건이 아니다. 슬로건에 담긴 화천군민의 마음이다. 인정이야 얼 수도 있는 것이지만 관광객들을 맞이하는 군민들의 마음은 예나 지금이나 따뜻해서 얼지 않았다는 마음일 것이다. 또한 추억 역시 녹아 없어질 수도 있다. 다만 화천에서 쌓은 추억은 절대로 녹지 않을 것이라는 강한 신념으로 '녹지 않는 추억'이라고 슬로건을 정했을 것이다. 우리가 타인의 이름을 잘못 지칭하면 예의가 아니듯 올바른 표현으로 축제를 즐기고 홍보하면 좋겠다는 작은 소망이다. 가장 중요한 것은 화천군민의 인정과 겨울의 추억을 가슴 깊이 담아 가길 바라는 2만 3천 명의 우직하고 진심 어린 마음이다.

정상	● 메인 슬로건 **얼지않은 인정, 녹지않는 추억** Unfrozen Hearts, Unforgettable Memories
오류	얼지않는 인정 녹지않는 추억 화천산천어축제로 초대합니다 산천어를 잡은 것처럼 사진 찍는 곳도 만들어놓았습니다.^^;; '얼지 않는 인정, 녹지 않는 추억'이라는 카피가 여간 멋진 게 아닙니다.

이자율과 환율만 기억하자

필자의 고향은 시골이라 학교는 멀리 떨어져 있고 대중교통은 없다 보니 초등 4학년 때부터 자전거를 타고 다녔다. 그 당시 시골에서는 자전거보다 '자전차'라 많이 불렀다. 나중에 딸들이 "아빠는 왜 자전차라고 해?"라며 놀린 적도 있다. 한문으로 차(車)의 음이 '차'와 '거' 두 가지가 있기 때문이다. 지금도 자전거는 도로교통법상 '차'에 해당하는 교통수단이므로 횡단보도를 이용하여 도로를 건널 때는 반드시 자전거에서 내려 자전거를 끌고 보행하여야 한다.

　이번에는 일상생활에서 많이 접하게 되는 '율(律)'과 '률(率)'의 차이를 살펴보고자 한다. 각각 다른 한자 문자에서 유래되어 한자 표기에는 큰 문제가 없다. 그러나 위에서 차(車)의 음이 '차'와 '거' 두 가지로 사용되는 것과는 완전히 다른 차원으로 한자어의 비슷한 발음으로 인해 한글 표기상 '율'과 '률'의 구분이 혼란스러울 수 있다. 따라서 한글 맞춤법에서는 '율(律)'과 '률(率)'의 사용을 명확한 규정에 따라 구분하고 있다. 앞말이 모음으로 끝나거나 'ㄴ' 받침으로 끝나는 경우에만 '율'을 사용하도록 하고 있다. 그 외의 경우에는 모두 '률'을 사용하면 된다. 결론은 이자율과 환율만 기억하자.

앞말이 모음 또는 'ㄴ' 받침	이자율, 환율, 이율, 방어율, 감소율, 소모율, 할인율, 출산율, 환산율, 생존율 등
그 외	수익률, 성장률, 달성률, 출생률, 실업률, 출석률, 승률, 확률, 경쟁률, 예약률 등

15.
합격 사과의 숨겨진 비밀

몇 년 전 자동차 바퀴에 상처 봉합용 밴드가 붙어 있는 것을 목격하고 언젠가 얘깃거리로 써먹을 수 있을 것 같다는 생각에 사진을 찍어 둔 적이 있다. 이후 이 사진은 모임용 SNS(밴드)에서 처음 활용했다. 모임 밴드의 활성화를 위해 '밴드는 자동차 바퀴도 치유해 준다'라는 호기심을 유발하는 제목의 글과 함께 사진을 올리며 많은 관심과 활동을 바란다는 의미로 올렸다. 관심과 흥미를 집중시키는 데 제법 쓸 만한 소재였다. 밴드는 모임 구성원을 불러 모으고 소통할 수 있는 공간이니 회원 간 동참 의식 제고를 위해 밴드라는 동음이의어를 가지고 가입과 활동을 독려했던 사례였다.

한편 2025학년도 대학수학능력시험이 두 달여 남짓, 코앞으로 다가왔다. 시험일을 앞두면 합격을 기원하는 각종 선물이 쏟아져 나온다. 전통적인 엿으로부터 시작하여 찹쌀떡, 포크, 딱풀, 수능도끼, 달고나 뽑기, 두루마리 휴지, 사과 등 저마다 기발한 아이디어의 선물들이 합격을 기원하는 의미를 담아 수험생과 가족들의 마음을 파고든다. 필자는 이 중에 사과 얘기를 새로운 관점에서 풀어 보고자 한다.

1991년 사과 재배로 유명한 일본 본토 최북단의 아오모리현에 기록적인 태풍이 불어닥쳤다. 1년 동안 땀 흘리며 재배했던 사과가 90%나 떨어져 버렸다. 농민들은 크게 낙담했고 애꿎은 하늘만 원망했다. 하지만 이런 절망 속에서도 한 젊은 농부는 좌절하지 않고 생각에 잠겼다. 거센 태풍에 대부분의 사과가 떨어졌지만, 끝까지 매달려 있는 10% 사과의 모습이 그에게 영감을 줬다. 태풍에도 떨어지지 않고 꿋꿋이 매달려 있던 사과의 모습에서 대학 입시에서 떨어지고 싶지 않은 학생들의 모습이 떠오른 것이다. 10%의 사과에 '합격 사과'라는 상표를 붙여 시장에 내다 팔았다. 엄청난 위력의 태풍 속에서도 떨어지지 않았다는 스토리가 입혀지면서 보통 사과에 비해 10배 넘는 가격이지만 매스컴을 타고 불티나게 팔려 나갔다. 특히 수험생들에게 폭발적인 인기를 얻었다. 이런 역발상의 합격 사과 마케팅 전략 사례는 우리나라에도 전파되었다. 경북 청송군과 충남 예산군에서 한정판매로 대형 백화점이나 쇼핑몰을 통해 선보였다. 이후 많은 지자체가 합격 사과를 내놓고 있다.

　이처럼 동일한 상황에서 땅에 떨어진 사과와 떨어지지 않은 사과 중 어느 쪽을 중심으로 바라보느냐에 따라 전혀 다른 결과가 나온 것이다. 우리가 인생을 사는 데 있어 객관적인 사실 못지않게 중요한 것은 그 사실을 어떻게 바라보고 해석할 것인가이다. 바로 관점의 변화다. 똑같은 상황에서 '어느 방향을 보느냐? 어떻게 마케팅할 것인가?'에 따라 일의 결과는 아주 천지 차이다. 모든 삶의 영역에 발상의 전환이 필요하다.

　여기까지가 그동안 책이나 방송을 통해 알려진 내용이다. 필자는 여기서 스토리상 맥락은 충분히 이해되고 공감하지만 동감하기 어려운 부분이 있어 적어 보고자 이 이야기를 꺼냈다. 집중해야 할 것은 '떨어지다'라는 단어다. 표준국어대사전을 살펴보면 '떨어지다'는 다양한 뜻을 가지고 있다. 그중 강력한 태풍에도 떨어지지 않은 사과를 얘기할 때 '떨어지다'는 다음 사전적 의미에서 몇 번일까? ① 달렸거나 붙었던 것이 갈라지거나 떼어지다. ② 위에서 아래로 내려지다. ③ 시험, 선거, 선발 따위에 응하여 뽑히지 못하다.[1]

정답은 바로 ①번이다. 또한 사과는 태풍이 아니더라도 만유인력의 법칙에 의거 매달려 있다가 아래로 떨어지게 되어 있는 구조다.

이와 같이 모든 과일은 가지에 붙어 자라다가 아래로 떨어지는 게 전제된 자연현상이다. 그렇다면 수능시험은 어떤가? 기존에 붙어 있었는데 떼어지지 않기 위해 시험을 보는 거란 말인가? 아니다. 예전 대학교육 정책 중 지금의 입학정원제가 아닌 졸업정원제가 시행된 적이 있다. 이 제도처럼 시험에 떨어지지 않고 합격해야지만 졸업할 수 있다면 모를까? 따라서 수능시험의 경우 사전적 의미로 봤을 때 ①번의 '떨어지다'가 아니고 ③번 시험, 선거, 선발 따위에 응하여 뽑히지 못하다, 곧 불합격 상태로 '떨어지다'라는 의미이다.

결론적으로 사과가 떨어지다(①)와 시험에서 떨어지다(③) 두 표현을 놓고 살펴보면 ③번 목적 달성을 위해 ①번 쪽에서 사용해야 할 단어나 장비를 잘못 이용한 사례로 여겨진다. 비유하자면 번지수를 잘못 찾은 배달 사고 아닐까? 아니면 내과 환자에게 치과 약을 처방한 의료사고라고 하면 이해가 더 빠를 것 같다. 즉 어떤 현상을 해결하는 데 있

---

[1] 뜻의 나열은 사전 등재 순서와 상관없음.

어 관점을 바꿔 마케팅에 성공한 발상의 전환이었다는 사례까지는 OK. 그러나 문맥상 적절하지 않은 표현이 당연시되어 반복 사용된다면 왠지 상술로 비칠 수밖에 없다. 독자적 콘텐츠로서 합격이라는 글자를 새겨 사용한다면 그 자체로는 충분히 좋은 선물이다. 그러나 스토리텔링을 이용하여 상업용으로 계속 이용한다면 아니다 싶다. 위 사례는 마케팅 관점에서 사과 농가의 절실함의 승리라고 보는 선에서 마무리되는 게 맞을 것 같다.

'밴드는 자동차 바퀴도 치유해 준다'

위에서 의약품 밴드를 자동차도 치유해 준다며 회원 마케팅에 활용한 사례처럼 떨어질 사과를 합격 사과로 포장하여 마케팅한 꼴이다. 사과는 태생적으로 반드시 떨어질 운명이고 수험생은 붙어야 할 처지이니 밴드의 사례처럼 같은 단어이지만 분명 꼼꼼히 따져 보면 분명히 다른 뜻을 내포하고 있음을 확인할 수 있을 것이다.

열린생각 ON

Ⅱ

기획은 짜임새 있게

- 보기 좋은 떡이 먹기도 좋다

아이디어는 생각의 열매

1.
단상 위 태극기는 안녕하신지요?

어떤 형태의 자리와 장소든 국기인 태극기를 사용하는 행사의 경우 국기에 대한 예우는 빈틈이 없어야겠다.

월례 조회, 시상식 등 각종 행사 시 첫 순서가 국민의례이고 시선이 집중되는 만큼 조직의 명예를 걸고 태극기 설치 여부 및 위치 그리고 게양 상태까지 행사 주최 측에서 각별히 점검하고 확인해야 한다. 특히 외빈이 참석하거나 언론 보도가 예상되는 경우 더더욱 유의해야 한다.

① '국기에 대한 경례' 시 태극기가 미설치된 상황이라면 얼마나 황당한 사고이겠는가? 외부 시설 대관 행사 시 태극기 자체가 미보관되어 있는 경우를 대비해서 사전 예약 시부터 체크해야 한다.

② 국기는 무대를 바라보았을 때 좌측에 게양해야 한다. 이때 또 하나 주의해야 할 점은 무대 화면 영상으로 태극기를 노출하는 경우이다. 단상 위에 두 개의 태극기가 등장하는 어처구니없는 상황이다. 또한 우측에 있어야 할 기관이나 회사기의 위치가 태극기와 바뀌는 경우도 왕

왕 볼 수 있다.

③ 깃대형의 경우 규정에 의거 태극 문양의 빨간색이 우측으로 가도록 게양해야 한다. 언론 매체 또는 드라마·영화를 보다 보면 취임식, 브리핑, 기자회견장 또는 법정 드라마 재판정의 모습에서 잦은 실수가 목격되어 눈살을 찌푸리게 하는 경우가 많다. 그런데 이런 일이 '아주 흔하다'는 게 문제다. 단순히 시설 관리하시는 분들을 탓할 일이 절대 아니다.

● 국기의 게양·관리 및 선양에 관한 규정
(제정 2009. 9. 10. 국무총리훈령 제538호)
제11조(실내에서의 국기 게양) ④ 깃대형에 국기를 게양할 때에는 태극 문양의 빨간색이 오른쪽에 오도록 하여 늘어뜨려 단다.

정

오

기획은 짜임새 있게

2.
차량번호에서 경영 목표가 보여요

    기업이나 조직의 경우 대부분 미션 → 비전 → 핵심 가치 → 전략 → 실천 과제 → 실행 계획 순으로 경영이념 체계가 이뤄져 있다. 물론 규모나 성격에 따라 단계가 축소되거나 변형되는 경우가 있다. 중요한 것은 이런 체계가 일부 경영진만의 신조이거나 경영철학이 아니라는 것이다. 구성원 모두의 목표이자 구심점이 되는 가치다. 이해관계자가 공유하고 구체적인 실천을 위한 약속이다. 따라서 경영학이나 기업에서는 신규직원 입문 과정에서도 강조되는 분야다. 조직 구성원이라면 모두가 경영 목표 달성을 위해 반드시 숙지해야 할 지침이다.

미션은 알기 쉽고 구체적으로

    미션(Mission)이란 조직의 존재 이유로서 조직이 생존하는 한 절대 변하지 않는 목적과 사명이다. 따라서 구성원 모두가 쉽게 이해하고 수용할 수 있도록 구체적으로 작성되어야 한다.

DT대응 혁신TF단	우리의 모든 것을 근원적으로 변화시켜, 고객의 변치 않을 가치를 끊임없이 추구한다.
디지털 채널부	**편리미엄** 편리 + Premium — 고객님의 생활 속 금융이 편리한 경험으로 느껴질 수 있도록 차별화된 가치를 끊임없이 제공한다.

조직의 경영 목표는 전 직원의 공감대 형성부터

앞서 살펴본 바와 같이 조직의 미션, 비전, 핵심 가치 및 경영 전략 등 외형적 거버넌스 수립 다음으로 중요한 게 모든 구성원이 이를 인식하고 내재화를 통해 원 팀으로 최고의 산출물을 만들어 내는 것이다. 왜냐하면 조직의 전 구성원이 혼연일체가 되어 무엇을, 어떻게, 왜 해야 하는지에 대한 뚜렷한 목표 의식을 갖고 한 방향으로 합심하여 움직이는 실행력이 중요하기 때문이다.

이를 구현하기 위해 대부분의 CEO가 연초에 현장경영을 나선다. 한 해 동안 현장에서 직원들과 동고동락하며 마케팅을 진두지휘하는 일선 사무소장과의 소통을 위해서다. 경영 방향 공유와 격려는 물론 현장의 애로 사항을 청취하기 위함이다. 이때 가장 중요한 게 사무소장의 마인드셋, 즉 마음가짐이다. 사무소장의 개별적 역량도 중요하겠지만 어떤 마음가짐과 자세로 간담회에 임하느냐에 따라 최고경영자의 경영 방침과 방향성 숙지는 물론 전체적인 분위기까지도 빈틈없이 소속 직원들에게 올바르게 전파할 수 있기 때문이다. 돌아가서 핫바지에 방구 새듯 유야무야 넘어간다면 연초부터 전국의 전 직원이 합심하여 동시에 사업을 킥오프하는 데 있어 이빨 빠진 모양새가 되고 만다. 축구 경기에서 심판의 킥오프 휘슬과 동시에 11명의 선수가 경기에 임해야 하는데 한두 명 선수가 아직도 신발 끈을 매거나 유니폼을 입고 있다면 그 팀은 팀이 아니라 오합지졸 망조 팀이다. 우리 앞에 닥친 중대한 환경과 장애(허들) 요인을 함께 극복하고 성장과 발전할 수 있도록 마음을 다잡는 동기부여가 꼭 필요하다.

이와 같이 마음을 바로 세우고 나서 다음으로는 목표를 정확하게 인지하는 것이다. 목적지도 모른 채 따라가기만 하면 적극적인 행동을 기대할 수 없다. 새해 경영 전략과 목표를 명확하게 인지하는 것이다. 그리고 이를 현장 직원까지 전파할 수 있도록 전체 경영 목표치와 지점별 목표치를 구분하여 공유하는 것이다.

　이때 경영 목표를 명확하게 전달하고 공유하기 위해 필자는 다양한 이벤트 또는 시각적인 퍼포먼스 기획을 통해 관심과 공감대를 끌어내기 위한 방법을 시도했다. 예를 들어 7800 각인을 위해 '칙칙폭폭(78) 뛰뛰빵빵(00)' 건배 구호라든가 숫자를 활용한 차량 번호·전화번호 찾기, 떡 크기(70×80㎝) 등 아이디어 제공을 통해 지역본부별 현장경영을 보좌해 드렸다. 한편 행장님 캐리커처를 활용한 경영 목표 홍보안도 직접 디자인하여 회의 시작 전 무대 화면 장기 노출로 홍보 효과 제고 및 시상식 등 행사 시 배경 화면으로 사용했다.

구분	의미	사례
2018	◦ 연도 경영 목표(7,800억 원) 전 직원 공유 및 마인드셋 위한 이벤트 실시 　- 건배 구호: 칙칙폭폭(78) 뛰뛰빵빵(00) 　- 7800 관련 숫자 활용하기(차량·전화번호, 떡 크기, 78인분 비빔밥 등)	

2019	◦ 경영 목표(1조 2,800억 원)를 열차로 표현 ◦ 방문 지역을 앞머리에 명시(광주·전남행) ◦ '돼지띠의 해'에 CEO가 앞장서서 전국 현장을 진두지휘하는 이미지 형상화	
2020	◦ 올림픽의 해(쥐띠)를 참고하여 허들 경기 인용 및 배번에 경영 목표 표기 ◦ 2년 연속 장애물 극복(목표 달성) 및 현장과 소통에 앞장서는 CEO 형상	

* 회의 시작 전 화면 노출로 경영 목표 전달 및 시상식, 단체 사진 촬영 시 배경으로 활용

기획은 짜임새 있게 79

3.
건·배·사 90

연말 부서장 정기인사 발령 이후 부임까지는 대개 2주간의 시간이 있다. 이 기간에 당면 현안 등 업무 보고도 받게 되고 새해 부서 운영 방침을 설계하게 된다. 필자에게는 마지막 근무 부서가 된 소비자보호부 발령을 받고, 금소법 전격 시행 2년 차를 맞이하여 내부적으로 제도를 정비하고 정착시켜야 할 막중한 책임이 있는 해라는 직감할 수 있었다. 그럼 어떤 화두를 가지고 부임할까?

나 자신에 의한, 고객을 위한, 우리들의 소비자보호

고민 끝에 소비자보호 실천을 위한 임직원의 마음가짐을 새기기 위해 핵심 가치를 만들기로 했다. 먼저 직원, 고객, 조직 이렇게 삼위일체가 조화를 이뤄야 금융소비자의 권익 증진과 보호의 실효성을 높일 수 있다는 결론에 다다랐다. 금융소비자보호를 위해서는 '개개인의 건강한 마인드, 고객을 위한 배려, 조직에 대한 사랑'이 기본이라는 키워드를 가지고 각각 '직원우선, 고객중심, 오너십'이라는 핵심 가치를 설정했다.

먼저 직원 개개인은 내·외적으로 건강한 마인드를 토대로 한 업무 전문성을 강조하는 '나 자신에 의한(by)' 금융소비자보호를 꼽았다. 이 과제는 부서 자체뿐만 아니라 전사적으로 모든 구성원이 갖춰야 할 제일의 핵심 가치라고 정의했다. 가장 먼저 자기 자신을 바로 세워야 한다. 프로는 과정보다 결과로 보여 줘야 한다. 과정은 보이지 않는 곳에서 단련하는 것이다. 현장이 단련장이 되어서는 안 된다. 민원 팀 통계에 의하면 민원 유발 원인 중 대부분이 업무 미숙에 의한 원초적 사유다. 어떤 누구도 자기를 단련하지 않고 준비하지 않으면 성공을 이루거나 유지할 수 없다. 내 담당 업무에서만큼은 그 어떤 오류나 착오도 용납하지 않겠다는 스스로에게 채찍을 가해야 한다. 고객님 앞에 자신 있게 다가설 수 있는 업무 지식과 지혜를 갖춘 금융전문가가 되어야 한다. 그러지 않고는 총도 없이 전쟁터에 나가는 병사와 같다. 죽게 된다. 대충이란 벌레를 잡자.

둘째는 고객 중심의 소비자보호를 설정했다. 고객님의 농협 경험 여정 속에 어떠한 Pain-Point도 제로화될 수 있도록 고객 기점의 인식 대전환을 내용으로 하는 '고객을 위한(for)' 금융소비자보호이다. 외형적 자세가 아닌 내적 자세를 낮춰 배려하는 마음으로 소비자 관점에서의 문제해결 인식과 권익 증진을 위해 CS 개념부터 소비자보호로 확 바꿔 접근했다. 신CS 개념에 대해서는 3장에서 구체적으로 다루게 된다.

셋째는 우리 모두 조직과 업무에 대한 열정으로 오너십에 입각한 '우리들의(of)' 금융소비자보호이다. 우리가 학창 시절 100m 달리기를 할 때 전방 120m 지점까지 내달린다 각오하고 전력 질주해야 한다고 배웠다. 눈에 보이는 100m 결승선까지만 달린다고 생각하다 보면 무의식중으로 90m 언저리에서 맥을 놓을 수 있다고 경각심을 일깨워 주는 가르침이다. 처음부터 자기 역량의 90이 아닌 120 정도를 보고 달려도 90이 될까 말까. 사실 누구나 열심히 노력하면 90점까지는 받을 수 있다. 그러나 나머지 10점을 채우기 위해서는 10배, 100배 머리 싸매고 간절히 노력해야만 한다. 즉 고객으로부터 우리가 100점을 받기 위해서는 자신이 사업자라는 오너십으로 정진하는 우리라는 공동체 의식을 꼽았다.

건배사, 그러니까 진짜 건배사 같지만 건·배·사다. 또한 90을 강조했다. 건강 나이도 90, 공부도 90, 마음가짐도 90, 열정도 90을 주문했다. 군대 가면 모든 훈련에 앞서서 제식동작을 가장 먼저 배우게 된다. 차려, 경례, 열중쉬어, 쉬어, 편히쉬어 등이다. 차려가 100이라면 열중쉬어는 90 정도다. 열 중에 쉬라는 의미다. 또한 물의 끓는점은 100℃이다. 그러나 온수기의 온도나 카페에서도 평상시 100℃까지 유지하지는 않는다. 필요시에만 가열한다. 이처럼 언제 어디서든 바로 끓일 수 있을 정도의 온도만 유지하고 있다. 따라서 결론은 매사 100이라는 열정은 어렵다. 하지만 열중쉬어 자세와 카페나 온수기의 물이 끓기 직전의 온도는 유지하고 있듯 90 정도의 열정은 항상 유지하자는 상징적 의미에서 90을 사용했다. '열정 온도'라고 정의했다. 팽이가 멈추지 않으려면 말이다.

금융소비자보호를 위한 우리의 『건·배·사 90』

구분	주체	핵심가치	추진 과제
건강	I	직원 우선	◆ 나(I) 자신**에 의한(By)** 금융소비자보호 • 건강한 신체에서 건강한 마인드 창출 ⇒ **90**세 이상 88하게 슬기로운 건강생활 유지 • 소통, 자기주도 학습으로 기본에 충실한 금융전문가
배려	You	고객 중심	◆ 고객(You)**을 위한(For)** 금융소비자보호 • 우리 고객님 Pain-Point(대포통장, 보이스피싱 등) ZERO ⇒ **90**도로 낮춘 소비자 관점에서의 문제해결 인식 • CS(고객만족) 개념의 소비자보호(CS)로 대전환 * 소비자보호 : Consumer Safeguard (Protection)
사랑	We	오너십	◆ 우리(We)들**의(Of)** 금융소비자보호 • 조직과 업무에 대한 식지 않는 뜨거운 사랑 ⇒ 全 업무 **90%** 이상 목표 달성하는 사업자대표 정신 함양 ⇒ 언제 어디서든 바로 끓일 수 있는 90℃ 열정 유지

4.
행사장 점검은 아주 촘촘하고 세밀하게

앞서 행사장 무대의 태극기 게양 부분이 형식적 측면이라면 이번에는 실질적인 부분이다.

2016년 1월 실제 사례이다. 담당 팀장이었다. 농협금융지주 출범 5년 차를 맞이하여 농협금융 자체 CI를 도입하는 절차적 과정을 거쳐 전격 선포하는 론칭쇼를 진행했다. 지금도 사용되고 있는 〈금융의 모든 순간〉이다. 금융지주 회장님과 계열사 전 대표를 비롯한 많은 임직원이 참석하는 행사였다.

행사 전날 행사장에서 예행연습을 몇 차례하고 사무실로 돌아왔다. 그리고 다시 한번 행사 동선을 점검하던 중 행사장을 찍어 온 사진을 보게 되었다. 그런데 이게 어찌 된 일인가? 인쇄된 대형 현수막 중간에 CI의 주요 디자인 요소가 누락된 것이 눈에 띄었다. 긴급 상황이었다. 행사의 하이라이트라고 할 수 있는 현수막이 천장에서 떨어지며 세상에 공개되는 순간에 잘못된 디자인으로 선포될 위기에 처했던 아찔한 순간이었다. 제작 업체에 연락하여 행사 당일 새벽까지 보완토록 협조를 구했다. 그리고 새벽에 인수하여 확인하고 무사히 선포식을 마칠 수 있었다. 만약 그날 행사장 사진 한 장을 찍어 오지 않았거나 확인이 되지 않았더라면 그야말로 치명적인 대형 사고였다. 잔뜩 기대감을 자아내고 있는 순간에 앙꼬 없는 찐빵이 될 뻔했기 때문이다.

CI 선포식 / 잘못 나온 현수막 / 정상 현수막

다음은 2019년 4월 사례이다. 서초구 양재동에 있는 舊 양재IT센터를 농협은행 디지털금융의 실리콘밸리로 키워 대한민국을 대표하는 디지털 메카로 만들겠다는 은행장님의 야심찬 포부와 기치 아래 리모델링하여 오픈하는 행사가 있었다. 일명 〈NH디지털혁신캠퍼스〉 출범식이다. 캠퍼스에는 농협은행 내 4차산업혁명 기술의 전초기지 역할을 할 'NH디지털R&D센터'와 유망 핀테크·스타트업이 입주한 'NH핀테크혁신센터'로 구성되었다.

금융회사와 핀테크 기업이 한 공간에서 동고동락하며 협업과 상생의 모델로 기대를 받으며 출범하는 행사라 관계 부처 장관, 금융지주회장, 스타트업 입주업체 대표 등 많은 내외빈 참석 및 많은 언론사의 취재가 예상되는 매우 큰 행사였다. 입주 스타트업이 '글로벌 유니콘'으로 성장하도록 지원하기 위해 '디지털혁신펀드'를 조성하여 핀테크·스타트 업을 적극 육성·지원한다는 협약식도 함께 개최되는 자리였다.

그래서 행사를 5일여 남기고 진행 상황 점검차 출장을 나갔다. 그때 필자는 종합기획부 전략기획단장 직책이었다. 그런데 디지털밸리를 내세운 캠퍼스라 하기에는 조그마한 상징물이나 간판조차 하나 없는 너무나 평범한 세리머니 행사장이었다. 행사장 내 대형 현수막과 기존 '농협별관'이라고 되어 있던 정문 기둥 동판 자리에 'NH디지털혁신캠퍼스'라고 바뀐 게 고작 전부였다. 돌아와 은행장님께 건물 외벽과 정문 입구 좌측에 'NH디지털혁신캠퍼스'라는 조형물과 외벽 간판 설치를 건의드려 조치하였다.

위 두 가지 사례에서 중간 책임자이자 행사 주최 담당자의 치밀한 점검이 얼마나 중요한지 몸소 배웠다.

〈디지털혁신캠퍼스〉 출범식

입구, 외벽 설치 / 실내 행사 사진

5.
행사 네이밍은 센스 있게

네이밍은 행사의 정체성과 성격을 잘 표현하고 있어 성공을 좌우할 수 있는 매우 중요한 요소다.

㈔서울온라인비즈니스협회에서 주최하는 박람회가 있다. 22년까지는 '유통인쇼'라는 이름으로 개최되던 행사를 23년부터는 '서울 이커머스 페어'로 행사명을 변경했다. 한 발 더 나아가 지역별로 분산 개최되는 행사가 아닌 만큼 24년부터는 서울을 코리아로 변경하자 국제행사 느낌도 나고 더 많은 관람객이 찾았다는 기사를 봤다. 이처럼 네이밍만으로도 고유한 아이덴티티를 쉽게 전달할 수 있고 확장성도 담보할 수 있다.

또한 대법원 전자가족관계등록시스템의 연도별 개명 현황(2008년부터 집계)에 따르면, 2008년 12만 6,005명에서 2009년 15만 9,746명을 정점으로 2023년에는 9만 1,379명이 개명을 하였다고 한다. 개명의 이유로는 잘못된 출생신고, 촌스러워서, 너무 평범해서, 남자 이름 같아서 등으로 이름으로 인한 스트레스를 줄이고 이미지에 잘 어울리는 이름을 얻기 위함이 주를 이룬다.

특히 아파트의 경우 아파트의 특성을 강조하고 프리미엄 이미지를 부각시키기 위한 차별화 전략으로 아파트 이름에 다양한 요소를 포함시키고 있다. 지역명, 건설사명, 브랜드명, 펫네임(애칭) 등을 포함시켜 고급스러운 이미지를 연출함으로써 가격 상승 효과를 기대하는 것도 큰 요인이다. 또한 지역 특성 반영, 자연 요소 활용 등 다양한 전략을 통해 소비자의 감성을 자극하고 선호도를 높이는 것도 중요한 목적이다. 이렇다 보니 아파트명이 25자나 되는 아파트가 탄생하게 되었다.

이상에서 살펴본 바와 같이 차별화된 브랜드나 네이밍은 행사의 정체성이나 대외 이미지를 한눈에 쉽게 전달할 수 있어 마케팅이나 홍보 전략 측면에서 매우 중요해졌다. 따라서 필자 역시 네이밍에 큰 공을 들여 왔다.

첫째로 네이밍은 행사의 취지와 가치를 명확하게 전달할 수 있어야 한다고 판단했다. 예를 들어, 화천산천어축제장 주변 환경정화 활동의 경우 '화천 관내농협 직원 환경정화 활동'이라는 단순한 네이밍보다는 "세계적인 화천산천어축제장은 소중합니다"라는 슬로건으로 봉사활동의 주제와 목적을 명확하게 전달할 수 있고, 참여자들에게 행사의 의미와 가치를 쉽게 이해할 수 있도록 도와줄 수 있기 때문이다.

환경정화 봉사활동 슬로건

둘째로 네이밍은 참여자들의 관심을 끌어들여 동참 의식을 제고하는 역할을 한다. 독특하고 창의적인 이름은 사람들의 동기부여와 만족감을 높여 주변에 선한 영향력을 끼칠 수 있다. 단순하게 '농촌봉사활동'이라고 하면 고생하러 가는 느낌이 들겠지만 "농가의 일손을 저희가 함께 나누겠습니다"라고 하면 봉사활동 후 몸은 힘들더라도 마음은 이미 소소한 행복감으로 큰 자부심과 보람을 느낄 수 있다.

농촌봉사활동 슬로건

마지막으로 네이밍은 기억에 오래 남게 하는 역할을 한다. 간단하고 직관적인 이름은 참여자들이 기억하기 쉽고, 행사의 이름을 통해 행사

의 소중함과 가치를 상기시켜 준다. (예: 칠순 맞이 가족여행명 〈그냥 지나 칠순 없지〉)

따라서 센스 있는 네이밍은 행사의 성공과 의미 전달에 큰 역할을 할 뿐만 아니라 언론 보도 등을 고려 시 대외적으로 참신한 이미지 제고와 소구력 강화에 도움을 줄 수 있다.

구분	행사명
결의대회	2017년 사업추진 결의대회 및 개인사업자등록증 전달식
환경정화	세계적인 화천산천어축제장은 소중합니다
체육행사	화천관내 농협인 추억 만들기 체육행사
사회공헌	어르신 건강한 여름 나세요(수박 전달)
일손돕기	농가의 일손을 저희가 함께 나누겠습니다
현장경영	본부장님과 함께하는 화천 가을 추억여행 토크콘서트
사회공헌	화천의 발, 기사님의 노고에 감사드립니다(마을버스)
체육행사	〈횡성한우축제〉 보러왔소(牛)
워크숍	신나는 반란-생각의 무게중심을 옮겨라
워크숍	고객가치혁신 5G Challenge
체육대회	500동문체육대회-강원도를 넘어 대한민국으로
골프행사	Wook's Invitational Final Championship 2019
팀간담회	금융소비자보호 실천 다짐 워크숍
체육행사	『정형·신경』 프로 072아카데미 수료기념 라운딩
동창모임	공근초교(53회) 배구부 창단 멤버 골프회동
가족모임	〈그냥 지나 칠순 없지〉 ○○○님 고희 맞이 가족여행

팀 체육행사 및 가족모임 네이밍

6.
나도 이제부턴 어엿한 사장님

많은 사람이 취미는 즐겁지만 업무는 괴롭다고 생각한다. 목적의 차이 때문이다. 등산, 낚시, 여행, 골프 등 취미 생활을 위해 새벽에 일찍 일어나는 것하고 사무실에서 이른 아침 가두캠페인이나 회의가 있어 조기 출근하는 경우를 생각해 보자. 전자는 1부터 100까지 모든 것이 신나고 즐겁지만, 후자의 경우 노사 합의며 공감대 형성 등 시대 상황에 따라 행사 실행 자체가 쉽지 않고 효과도 미지수다. '목적의 차이'라고 볼 수 있다. 취미의 목적은 프로세스를 즐기는 것이지만 업무의 목적은 결과를 내는 것에 있기 때문이다.

이와 관련하여 많은 책자와 강의에서 언급되고 있는 벽돌공 이야기를 해 보고자 한다. 같은 일에 관한 생각이 얼마나 다를 수 있는지를 설명하기 위함이다.

뙤약볕에 구슬땀을 흘리며 열심히 벽돌을 쌓고 있는 3명의 석공이 있다. 그런데 표정이 저마다 달랐다. 유난히 인상을 찌푸린 사람, 무덤덤한 사람, 뭐가 그리 좋은지 활짝 웃는 얼굴로 일하는 사람이었다. 행인이 그들에게 "지금 무슨 일을 하고 있나요?"라고 묻자 각각 "그냥 벽돌을 쌓고 있다." "돈을 벌고 있다." "대성당을 짓고 있다."라고 답했다.

하는 일에 대해 어떤 의미를 부여하느냐에 따라 일에 대한 태도와 답변이 다름을 보여 준다.

영어에는 3가지 일이 있다. 첫 번째는 생계 목적의 일(Job), 두 번째는 경력 개발을 위한 일(Career), 세 번째는 나름의 가치를 부여하는 일(Vocation, Calling)로 구분한다.

세 번째 석공처럼 하는 일에 대해 아름다운 성당을 짓고 있다는 의미와 가치를 부여하고 천직이자 소명이라 생각하는 관점의 차이가 인생에 대한 목적의식이 삶과 일에 대한 태도를 바꾼다는 것을 알 수 있다.

날로 급변하는 금융환경과 치열한 경쟁 시대에 기업이나 구성원 모두 생존해 나가기 위해서는 기업의 존재 이유와 '나는 여기서 어떤 역할을 해야 할까?'라는 구성원 자신에 대한 엄격한 성찰과 프로 정신에 입각한 고객 중심적 마음가짐과 임파워먼트[2] 실천이 중요해졌다.

고객은 변했다. 한편 새로운 경쟁자는 업종 간 벽을 넘어 이미 수백만 개의 스타트업이 출현했고 지금도 생겨나고 있다. '초연결', '초지능', '초융합'으로 대표되는 4차산업혁명 이후 '업'을 바라보는 관점과 접근하는 방식 또한 변했다. 이렇게 시대와 고객은 변했는데 성을 쌓고 고립된 성주 놀이를 하고 있을 것인가?

---

2) 임파워먼트(empowerment): 업무를 위임하는 것이 아닌 스스로 자신의 일에 주인이 되게 만드는 것, 즉 권한 부여의 의미.

누구나 다 사장이 될 수는 없다. 또한 사장과 직원의 생각이 같은 수도 없다. 다만 우리는 경험을 통해서만 배우는 게 아니라 역사나 경험을 통해 간접적으로 배우는 경우가 더 많다. 신입사원이나 일반 사원이라도 내가 담당하고 있는 업무만큼은 내가 업계 최고의 전문가 또는 '내가 사장이다'라는 사업자 관점에서 사물을 바라보고 투철한 사명감과 주인의식의 마인드셋이 반드시 요구되는 시대이다.

왜 오너십인지? 무엇이 오너십인지? 어떤 방법으로 오너십을 가질 것인지? 이런 고민 끝에 임파워먼트 실천을 위해 전 직원에게 '사업자등록증'을 만들어 교부했던 사례를 소개한다(2017).

정기인사 후 1월 초 전 직원에게 각자 분장업무를 참고하여 임의의 상호(商號)를 작명토록 했다. 그리고 이를 가지고 세무관서에서 발행하는 사업자등록증 등록번호 분류체계에 맞춰 개별 간이과세자 등록증을 제작했다. 개개인 각자가 내 사업장이라는 마인드로 사업추진에 임해달라는 메시지를 심어 주기 위함이었다. 이후 일부 정보는 마스킹 처리 후 상담석 공간에 비치함으로써 직원 스스로가 내 명의의 개인 사업장이라는 인식과 함께 CEO 관점에서의 사업추진 및 고객님과의 대화 소재로 활용하게 되었다.

앞 세 자리는 사무소별로 배정되어 있는 고유의 온라인 코드로, 가운데 두 자리는 담당 업무 중 주요 계정과목 코드를 응용했다. 그리고 뒷부분 여섯 자리(실제는 다섯 자리)는 담당자 생년월일을 넣어 번호 체계를 완성했다. 발행일은 개인별 사무소 전입일을 기재하였고 표창장 양식을 활용하여 사무소장 직인을 날인 후 발급했다. '우리 사무소의 이 업무는 내가 책임진다'는 의식 행위로서 별도 사업추진 결의대회를 통해 전달했다.

등록번호	영업점 코드 (3자리)	계정과목 (2자리)	생년월일 (6자리)
사업의 종류	▷ 업태: 금융업 ▷ 종목: 분장업무 내용 구체적 기술 ▷ 발행일: 사무소 전입일		
전달 행사	◦ (장소) 지점이 사업추진의 최일선이라는 점과 지역 특수성을 활용하여 국토방위의 최전방인 DMZ을 상징적으로 접목함으로써 행사 의미 부여 * 평소 접근성이 떨어지는 민간인 통제구역 안보 관광을 겸한 행사로 직원 참여도 제고 ◦ (효과) 사업추진 결의대회를 겸한 전달 행사로 사업자대표 마인드에 입각한 보다 능동적이고 적극적인 사업추진 태세 기대 ◦ (설명 예시) NH농협 화천군지부(239)의 총괄(99)은 정종욱(670725)이 책임진다.		

* 표창장 양식이며 발급기관은 가공된 것으로 당행 사무소장 직인 날인			

7.
각종 행사의 목적은 메시지 전달이 중요

각종 행사는 외형적인 퍼포먼스보다 내용의 질적인 완성도가 성공 여부를 가름하는 척도로서 중요하다.

내실 있는 메시지가 행사의 목적과 위상을 드높여 주고, 참여자들의 관심과 참여를 유도하는 역할을 하기 때문이다. 특히, 정례적 회의 및 이벤트성 행사의 경우 비생산적이고 보여 주기식 행사라는 비판에서 자유로울 수 없게 될 우려가 크다. 비대면 채널을 통한 대체 진행 필요성 또는 사업추진에 지장만 준다는 식의 효율성 측면에서 의구심이 제기되는 경우가 많다. 따라서 주최 측에서는 행사 종료 후 참석자들이 한두 가지 키워드만이라도 남겨 돌아갈 수 있도록 공감할 수 있는 메시지에 중점을 두고 준비에 철저를 기해야 한다.

19년 7월 '고객 중심의 디지털 선도 은행 도약'이라는 목적으로 경영혁신 워크숍을 개최했다. 최초 기획 단계에서 〈고객가치 혁신 챌린지〉라는 행사명으로 되어 있었다. 대한민국 최대 규모의 컨벤션 센터에서 개최되는 워크숍인 만큼 네이밍에서도 시대 흐름이 반영되고 구체적인 지향점을 제시하는 내용의 단어가 추가되었으면 좋겠다는 생각이 들었다. "소문난 잔치에 먹을 것 없다"라는 속담도 있듯 이런 피드백이 있으면 되겠나 싶었다. 명확하고 큰 울림이 있는 메시지가 없다면 효과가 반감되는 것은 차치하고라도 행사장 및 참석자 규모를 감안 시 지탄받기 딱 좋은 그림이었다. '왜 하는지'와 '무엇에 대한 도전인지' 등을 보다 구체적이고 전략적인 접근이 필요했다. 그래서 19년 최대 화두로 떠오른 〈5G〉를 네이밍에 추가시켰고 그 의미를 부여했다. 즉 워크숍 주제를 5대 핵심 분야로 나눠 도출하고 이를 중심으로 추진 방향과 과제를 제시하고 퍼포먼스도 기획되었다.

구분	주요 내용	비고
행사명	고객가치 혁신 5G Challenge!	전국 1,200명 참석
슬로건	농협은행 디지털 임팩트, 새로운 지평을 열다	
시간/장소	2019. 7. 16. / 일산 킨텍스	
5G	◦ 전 임직원의 고객 중심적인 사고와 행동을 통한 고객가치 혁신을 위한 DT혁신 및 5가지 지향점 제시 Great — 뛰어난 **실력** Good — 좋은 **이미지** Goods — 참신한 **상품** Global — 사고와 업무영역의 **글로벌** Governance — 내실 있는 **지배구조**	4차산업혁명과 5G 이동 통신 기술의 진화로 금융환경 또한 무한경쟁 시대로 급변함에 따라 대응해 나가자는 5대 전략 공유

콘텐츠	◦ 우수 사무소와 직원 시상 ◦ 상반기 경영성과 분석 ◦ 하반기 경영관리 방향 ◦ 고객의 미래, 금융의 미래, 우리의 미래(특강) ◦ 고객가치 혁신을 위한 5G 챌린지 전략(은행장)
행사 모습	

8.
멋지게 한 말씀: 천국이 따로 없네

　각종 대외 행사 시 사무소장의 행동과 메시지는 기관의 위상 또는 이미지와 직결된다.

　특히 공식적인 자리에서의 자기소개나 기관을 대표해서 인사말(격려사, 축사 등)을 하는 경우 참석자들에게 좋은 인상을 남길 수 있도록 철저한 대비를 해야 한다. 지역 밀착형 기관으로서 사무소장의 주요 역할 중 하나라고 생각된다. 평소 정치, 경제, 사회 등 시사 정보는 물론 관내 주요 동향 파악에 소홀함이 없어야 한다.

　기관을 대표해서 인사말을 할 때 주의해야 할 점 몇 가지를 소개한다.
　첫째, 인사말은 명확하고 간결해야 한다. 불필요한 형식이나 지나치게 복잡한 문장은 피하는 것이 좋다.
　둘째, 행사의 주제와 관련된 메시지를 포함하여 준비해야 참석자들의 관심을 끌 수 있다.
　셋째, 참석자들의 노고를 인정하고 감사의 말씀을 전하는 등 예의를 갖추고 존중하는 태도를 보여야 한다.
　넷째, 청중의 성격, 관심사 등을 고려하여 친근하고 공감을 일으키는 내용이 좋다.

다섯째, 짧은 인사말이어야 하므로 주어진 시간을 지켜 간결하고 핵심적인 내용을 전달하는 것이 중요하다.

여섯째, 기관을 대표하는 인사말을 할 때는 기관의 가치, 목표, 비전 등을 반영하는 내용을 포함해야 한다.

일곱째, 인사말을 미리 연습하여 자신감을 가지고 열정적으로 전달할 수 있어야 한다.

2017 화천산천어축제 개막식(2017. 1. 14.)

세계적인 동계축제로 자리매김한 산천어축제 개막식 행사를 앞두고 주최 측으로부터 단상 위에서 〈1분 스피치〉 형태의 축하 메시지를 준비토록 사전에 안내받았다. 위에서 언급한 주의해야 할 점을 참고하여 먼저 소속 기관을 소개하고 행사의 성공적 개최를 기원한다는 덕담을 짧게 전했다. 그리고 관광객 등 참석자들께 '산천어' 석 자를 가지고 3행시로 인사말을 대신하겠다는 말과 함께 준비했던 3행시로 참석자의 좋은 반응을 이끌어 냈다. 행사 후 만찬 자리에서 참석자 인구에 회자되는 등 필자로서는 1일 부임 후 첫 공식 행사에서 농협의 위상을 인상적으로 남길 수 있었다고 자부한다.

> 산 좋고 물 좋으니
> 천국이 따로 없네
> 어서 오세요, 최문순 군수님과 함께하는 화천산천어축제장으로~

화천산천어축제 개막식 및 금융지주회장님 방문

화천 간동농협 정기 총회(2017. 1. 20.)

매년 정례적으로 개최되는 행사의 경우 정형화되고 경직된 내용의 축사가 되기 쉽다. 따라서 행사 성격과 참석 대상을 고려하여 현실에 맞도록 맞춤식으로 활용해야 한다. 친근하고 공감할 수 있는 내용을 중심으로 원고 없이 즉석 스피치 형태로 짧으면서도 진심 가득한 인사말로 대신했다. 좋은 반응을 받았다.

- 총회 축하 및 초청에 감사
- 지난 한 해 더위와 불안정한 농산물 가격과 씨름하신 노고 치하
- 새해에도 건강과 풍년을 기원하는 의미에서 단상 위의 바닥에서 큰절로 대신
- '간동' 2행시: 간간이 찾아뵙겠습니다. 동네 축제라도.

화천 간동농협 정기 총회

9.
사회공헌 활동은 행사가 아닌 봉사

　현대 기업 경영에서는 CSR(기업의 사회적 책임)과 ESG(환경, 사회, 지배구조) 모두 기업의 사회책임경영과 지속가능경영의 일환으로 강조되고 있다. 두 개념 모두 기업이 단순히 이익을 추구하는 것을 넘어서, 사회와 환경에 긍정적인 영향을 미치는 것을 목표로 한다. 이윤이 목적인 기업은 소비자에게 외면받기 십상이다. 다만 CSR은 기업이 자발적으로 사회적 책임을 다하는 것을 의미하며, ESG는 투자자들이 기업을 평가하는 기준이라는 미미한 차이는 있다.
　다시 말해 CSR은 기업의 자발적 의지가 우선된다면, ESG는 의무적 사항이 된다. 하지만 결국 ESG 경영 실천을 위해서는 자연스럽게 기업은 CSR을 추구할 수밖에 없게 된다. 이런 이유에서인지 간혹 보면 자발적이고 실질적인 봉사활동이라기보다는 전시성 또는 홍보성 행사로 전락하는 경우가 있어 우려되는 대목이다.

　필자의 봉사활동 경험과 이론상으로 볼 때 봉사활동 시 봉사자의 마음가짐이 가장 중요하다. 봉사자의 열린 마음과 긍정적인 태도, 겸손 그리고 봉사활동 대상자에 대한 공감과 이해, 존중과 배려 마지막으로 지속적인 참여가 중요하다고 본다.

평소 봉사활동 시 현장에서 느낀 체크 포인트 몇 가지를 Tip으로 정리해 보면 다음과 같다.

① 전사적 사회공헌 조직의 연간·월별 계획하에 체계적인 활동 필요
  - CEO 또는 임원 참여 활동의 경우 시기, 장소 등 사전 조율 등으로 효율성 제고
  - 인접 복지시설의 경우 타 부서와의 중복 또는 잦은 방문 지양
  - 계절적 요인을 고려한 분산 실시(명절 전후 집중 방문 시 상대방도 곤란할 수도)
② 봉사활동 대상(장소) 섭외 시 봉사처 담당자와의 충분한 협의를 통해 일정 및 활동 내용 선정
③ 봉사활동 인원 과다 참여는 오히려 민폐 또는 비생산적 조직으로 오해 우려
* 군부대 위문 방문 시 본부(CEO), 지역본부, 관내 사무소장 등 대거 참여 시 과유불급
④ 복장은 봉사활동 상황에 맞게
  - 특히 *CEO 참여 시 양복 착용 상태에서 봉사 조끼만 입거나 넥타이 착용 절대 지양*
* 陸軍의 경우 부대 지휘관 전투복에 녹색 견장 제거(전투 시 특이표식으로 적의 표적 우려)
⑤ 위생 장갑은 봉사자 위생용이 아닌 배식 과정의 청결을 위해서 착용하는 것을 명심
⑥ 식음 관련(배식 등) 봉사 시 위생모 착용 및 퇴식·정리조와 업무분장 구분 철저
⑦ 촬영 사진의 언론 보도용 제공 시 사전 양해 필수(초상권 등)
⑧ 봉사활동 종료 시기도 사전 조율 및 공유를 통해 봉사처와 참여 직원 양측 불만 요인 제거
⑨ 일회성이 아닌 자매결연 등 사후관리도 필요(마을 벽화 그리기 봉사 후 몇 년 후 흉물로 전락 위기 등)

결론적으로 결단코 홍보를 위한 행사가 아닌 봉사활동 결과를 홍보하는 것이다.

과거 기업이 이익 극대화를 추구했다면 이제는 ESG가 필수인 시대가 되었다. 열매를 독식하는 기업은 그 성공을 오래 지속하기는 힘들다. CEO를 Chief Executive Officer(최고경영자)가 아닌 Chief Ethics Officer(최고윤리책임자)로 불러야 한다는 얘기도 설득력이 있다.

> **현장클릭** "피(血) 좀 뽑으면 안될까요?"…회장님의 '간청'
> (머니투데이 2014. 2. 25. 05:30)
>
> "탈락이에요? 그래도 피 좀 뽑으면 안될까요?"
> "안됩니다"
>
> 24일 임종룡 농협금융 회장과 대한적십자 직원 사이에 오간 대화 내용이다. 임 회장은 이날 김주하 농협은행장 등 계열사 최고경영자(CEO)와 함께 헌혈 행사에 동참할 예정이었지만 보기 좋게 퇴짜를 맞았다. 과거 2년 동안 영국 재경참사관으로 근무한 이력 때문이다. 대한적십자 직원은 "영국에서 1개월 이상 체류하면 헌혈을 할 수 없다"며 임 회장을 돌려세웠다.
>
> 임 회장은 못내 아쉬운 표정을 감추지 못했다. 그만큼 임 회장의 '헌혈 의지'가 강했다. 임 회장은 이날 행사 시작 전부터 헌혈을 하겠다는 의지를 강하게 드러냈다. 실제로 임 회장은 헌혈을 위한 문진을 하기에 앞서 사진기자들이 포즈를 요구할 때도 "피를 뽑지도 않았는데 어떻게 사진을 찍냐"며 한사코 사진을 찍지 않았다.

임 회장처럼 나머지 CEO들도 대부분 퇴짜를 맞기는 마찬가지였다. 약을 정기적으로 복용하고 있는 CEO들이 많았기 때문이다. 이날 헌혈에 '성공'한 CEO는 김주하 농협은행장이 유일했다. 김 행장은 혈압이 다소 높게 나왔지만 헌혈을 하는 데 문제 없다는 판정을 받았다. 덕분에 임 회장으로부터 "그래도 행장님이 제일 건강하시다"는 칭찬(?)까지 들었다.

사실 금융사의 헌혈 행사는 낯익은 풍경 중 하나다. 사회공헌활동으로 헌혈 행사를 진행하는 금융사들이 많기 때문이다. 하지만 전시성 행사라는 비판을 들었던 것도 사실이다. CEO들이 사회공헌활동을 하는 사진을 찍는데만 초점을 맞춘 사례가 많았던 탓이다. 하지만 이날 농협금융의 헌혈 행사는 여러 모로 달랐다.

실제로 임 회장은 "그래도 피 좀 뽑게 해달라"며 수차례 대한적십자 직원에게 간청 아닌 간청까지 했다. 그만큼 모범을 보이고 싶다는 의지가 강했다. 최근 금융권에서 임 회장 취임 이후 "농협금융이 달라졌다"는 이야기가 심심치 않게 나오고 있는 상황에서 이날 행사도 농협금융의 달라진 또 다른 모습이다.

CEO의 사회공헌 진정성 기사

10.
스토리가 있는 명예사무소장 행사

　많은 기업이나 기관이 특정 인물이나 단체와의 유대강화 또는 업적이나 공헌을 기리기 위해 명예사무소장 행사를 개최한다. 이때 역시 사진 찍고 식사하고 보도하는 수준의 행사는 지양해야 마땅하다. 행사 목적, 행사 대상, 행사 장소 등 프로그램을 짜임새 있게 구성하여 스토리와 감동이 있는 행사로 진행되어야 한다.

　필자는 고객님 알아 가기 과정에서 40여 년 전 퇴직하신 원로 선배님을 인지하게 되었다. 당시(2009년) 한국 나이로 92세(1918생)임에도 자전거를 타고 마실을 다니실 정도로 건강관리를 잘해 오고 계셔서 정말 감사했다. 건강 기원 및 장기 거래에 대한 사은행사 성격의 명예사무소장 행사를 기획하게 되었다.

　통상 명예사무소장 행사라 하면 기념패를 제작하여 전달하고 기념사진 촬영 및 간담회를 갖는 평이한 형태로 진행된다. 그러나 진정성 있는 프로그램으로 행사의 완성도를 높이고자 고민했다. 우선 중앙본부에 과거 인사카드가 존재하는지를 요청하여 확인했다. 다행히도 역사적으로도 가치가 있을 듯한 옛 수기 인사카드가 보관되고 있어 사본을

구할 수 있었다. 경력란에 손으로 '해당 일자'와 '명예지부장'이라고 추가 기록하였다.

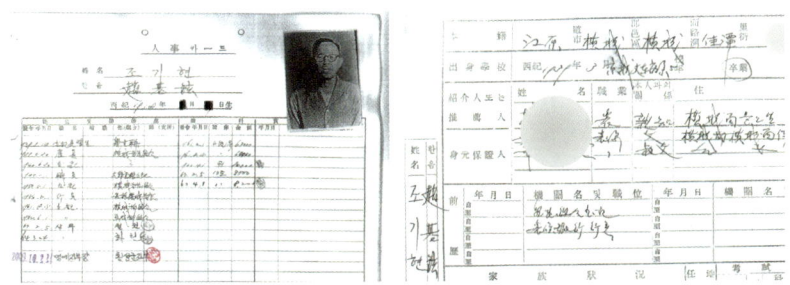

수기로 기록된 인사카드

1939년 〈조선금융조합연합회〉 입사(서기견습생), 소개인 또는 추천인, 신원보증인, 학력(횡성에서 경성으로 유학), 호봉·급여, 역대 근무지 등이 기록된 사료 그 자체였다. 구 농협 역사, 타 기관 파견 경력 등이 수록되어 있어 그 당시 채용 형태와 사회상을 엿볼 수 있는 역대급 기록물이었다. 雇員(고원)이라는 낯선 직책을 사용했던 기록도 볼 수 있었다. 또한 일제 강점기 후반에는 군에 징용되어 면사무소에서 대체 근무하셨다는 얘기를 들을 수도 있었다. 광복 후 1946년에는 '대한식량공사'라는 공기관에 파견 근무한 기록도 남아 있었고, 정부 수립 후에는 그 당시 고학력자(경성 대동상업학교 졸, 현 대동세무고)로 선발되어 정부 정책에 따라 교사 생활도 일시 하시다가 1950년 농협으로 복직하신 기록을 공유하는 등 전설과도 같은 얘기를 경청할 수 있었다.

인사카드에 의한 역사적 기록 유산 내용을 낭독하는 순서와 코팅하여 액자에 넣어 전달하는 순간에는 귀한 선물이라며 감격에 겨운 눈시

울을 붉히시는 망백(望百)의 촌로(村老) 광경을 목격할 수 있어서 매우 행복한 시간이었다. 우리 직원들은 행사 자체보다는 어르신의 건강과 행복을 두 손 모아 기도해 드린 귀한 시간이었다.

명예사무소장 행사 사진

11.
시나리오, 연출, 출연 등 1인 3역

2011년 부서 송년의 밤 행사를 앞두고 '팀 대항 장기자랑' 코너가 기획되었다는 부서 방침이 한 달 전에 전해졌다. 우선 회의 내용을 팀원들에게 공유하며 차별화된 콘텐츠로 준비해 보자고 기본적인 방향을 제시했다.

팀장인 필자는 머리를 싸매고 고민에 빠졌다. 모두가 예상될 만한 수준의 개인 장기 자랑 수준이 아닌 팀원 전체가 참여하고, 지난 1년을 뒤돌아보고 새해 사업추진 결의를 다지는 자리인 만큼 우리들의 얘기를 담아 표현할 수 있는 콘텐츠를 만들어 보기로 했다. 그리고 이틀 후 결정했다. 당시 K본부 〈개그콘서트〉의 '감사합니다' 코너를 패러디하여 유머와 흥을 담아 부서원 전체가 즐길 수 있는 코너를 만들어 보기로 한 것이다. 방향을 잡았으니 이젠 시나리오 작업에 들어갔다. 먼저 지난 1년간 함께한 부서 모든 분께 감사한 마음과 은행의 주요 이슈 그리고 팀원별 담당 업무, 습관, 근무 환경 등을 종합 고려한 맞춤식 시나리오를 직접 작성했다. 도합 1주일 걸렸다.

그리고 팀원 미팅 시간을 가졌다. 참석하는 팀원들의 표정에 궁금함과 부담 백배라고 적혀 있었다. 시나리오를 공개했다. 유머가 있고 팀원별 맞춤식 각본에 적극 공감하고 만족해했다. 의기투합이 된 것이다. 2일간 각자 시나리오 숙지 및 실제 방송 프로그램의 공연 영상을 익힌 후 점심 휴게시간을 활용하여 3층 회의실 공간에서 비밀 연습에 돌입했다.

대사를 놓칠까 스케치북에 큰 글씨로 개인별 시나리오를 적은 소품과 해당 배경 음악도 준비했다. 붉은색 나비넥타이도 남대문시장에서 구입하여 의상을 갖추는 등 치밀한 준비를 마쳤다. 게다가 행사 당일 공식 제출한 오더는 여직원 솔로 노래에 백댄서 남직원 2명으로 구성된 3인조 공연만 제출했다. 깜짝쇼를 위함이었다. 4개 팀의 준비된 공연이 모두 끝나고 특별공연이 준비되었다며 추가로 신청했다. 주말 저녁이면 방송에서 많이 들리던 '감사합니다' 코너 배경 음악이 크게 울리자 이미 레스토랑 안은 술렁였다. 의상과 소품을 갖추고 실제 방송과 유사하게 성공리에 공연을 마쳤다. 깜짝 공연이었지만 부서 전 직원 및 레스토랑 종사원까지 일을 잠시 멈추고 관람하는 순간이었다. 함께 웃고 즐기며 환호와 박수로 공감하는 인기 만점 코너였다.

부서 송년의 밤 행사를 특별한 콘텐츠와 세밀한 준비로 부서 전체의 화합은 물론 팀워크를 보여 준 훌륭한 시간이었다는 부장님의 격려 말씀과 함께 1위 시상을 거머쥐게 되었다. 준비 기간 동안 팀원들의 열정적인 동참과 노력에 감사하며 1위라는 보상뿐만 아니라 팀원들의 성취감 고취는 큰 보너스였다. 물론 리더로서 1인 3역으로 전 팀원의 적극적 참여 유도 및 일체감, 행복감의 공유는 지금도 추억으로 남아 있고 감사할 따름이다.

2018년 중앙교육원 '농협이념전문과정'에서도 조직 간·계통 간 화합을 주제로 하는 영상 제작 과제물로도 유사한 형태의 콘텐츠를 출품하여 우수상 수상은 물론 다음 기수 교육 시 샘플로 사용되고 있다는 소식을 받은 적도 있다.

2011년 송년의 밤 　　　　　　　　농협이념전문과정

* 〈농협이념전문과정〉이란 농업·농촌과 농민의 아픔을 함께하고, 협동조합 이념으로 농협의 정체성을 확립해 나가자는 교육과정으로 농협그룹 내 계통조직 간, 구성원 간 하나 되기 프로젝트 프로그램이다.

e비즈니스부 송년의 밤
- 팀 대항 장기자랑 시나리오(2011. 12. 22.)

(당시 유행하던 〈개그콘서트〉 '감사합니다' 패러디)

(배경음악)
우리 부서에는 감사할 일이 참 많이 있습니다
이 모든 것들에 진심으로 감사합니다 (출연자 단체 인사)

감사합니다 감사합니다 (단체 율동)

직원1) 4월 12일 전산사태로 언론보도 검찰수사 속상했는데 언론발표 북한 소행 (감사합니다 감사합니다) 다른 회사 같이 터져 (감사합니다 감사합니다)

직원2) 신관 승강기 타기 힘들고 내가 타자 삑 소리 나 짜증났는데 난데없이 한 대 더 와 (감사합니다 감사합니다) v7 고속진행 (감사합니다 감사합니다)

직원3) 배가 아파서 화장실 갔고 빈칸 없어 비비 꼬며 참고 있는데 물 내리는 변기 소리 (감사합니다 감사합니다) 바닥에는 대중잡지 (감사합니다 감사합니다)

직원4) 우리 팀장님 휴가 중이라 주간회의 대신하려 긴장했는데 부장님도 출장이래 (감사합니다 감사합니다) 부장 팀장 모두 없다 예쓰 (감사합니다 감사합니다)

(감사합니다 업그레이드 버전)

직원5) 미안합니다 미안합니다 대민 지원 때 내 업무 바빠 순서 바꿔 상인 씨가 대신 갔는데 수해복구 중노동이래 (미안합니다 미안합니다) 집중호우 쏟아지네 (미안합니다 미안합니다)

직원6) 부서회식 때 폭탄주 시간 맥주잔에 양주 말아 부장님께로 이것 소맥입니다 (미안합니다 미안합니다) 맥주잔에 양주 왕창 (미안합니다 미안합니다)

직원7) 2011년 부서송년회 매너있게 예쁜 방석 챙겨 줬는데 앉고 보니 젖어 있네 (미안합니다 미안합니다) 흰 치마에 맥주였네 (미안합니다 미안합니다)

직원8) 우리 부장님 세 분 팀장님 9박 10일 열심히 연습했는데 1등 못 하면 아 안 돼~~ (감사합니다 감사합니다) 우리 팀에 1등 줘요 (감사합니다 감사합니다)

12.
함께하는 즐거움 녹지 않는 추억

'꽝' 없는 행운권 추첨: 천 원의 행복

송년회, 체육대회 등 단체 행사 시 많은 동참 및 유종의 미를 거두기 위해 행사 중간중간 또는 끝부분에 '행운권 추첨'을 기획하는 경우가 많다. 이때 추첨용으로 사용할 번호는 참석자가 도착 접수 시 별도 쿠폰으로 배부하거나 아니면 안내장, 초대장 등의 모퉁이에 일련번호를 기재했다가 배부하면서 추첨용 쿠폰을 절단하여 추첨함에 넣고 안내장을 배부하는 경우가 대부분이다. 그러다 보면 쿠폰 또는 안내장을 보관하기도 번거롭고 분실하는 경우도 빈번히 발생한다.

필자는 대학 학과 총동문회장으로 봉사 시 선후배 간 소통 및 친목 도모를 위해 용감하게 모교 대운동장에서 체육행사를 개최했었다. 그때 행운권 추첨용으로 한국은행권 지폐를 활용하는 아이디어를 냈다. 직업병이라고나 할까? 평소 지폐 신권의 경우 발행 번호가 연속되게 다발째 발권된다는 점을 알고 있었기에 이런 생각을 소환시켰다. 행운권 추첨용 번호로 천 원권 발행 번호를 사용하면 행사를 더욱 알차게 꾸밀 수 있겠다는 아이디어가 나온 것이다.

행운권 추첨을 위한 소품을 별도로 제작하지 않고 참석자에게 천 원권 지폐 한 장씩을 일련번호 순서대로 배부했다. 보관하기도 편리하고 현금인 유가증권이다 보니 분실 위험 가능성은 제로에 가까울 정도였다. 특히 신박한 아이디어라고 각광받을 수 있었던 포인트는 '꽝' 없이 모두가 행운에 당첨되는 효과였다. 누구나 공평하게 지폐 금액만큼은 이벤트 상품으로 받은 셈이기 때문이다. 당첨이 되지 못했더라도 모두가 천 원의 행복으로 즐거웠던 순간들을 녹지 않을 추억으로 고이 간직한 채 말이다. 소규모 집단 행사의 경우 오천 원, 만원, 오만 원권으로 응용 시 행사 분위기가 보다 고조된다.

Tip

① 거래 은행 지점과의 사전 협조를 통해 화폐 일련번호가 연결되는 화폐를 신권으로 준비(고액권의 경우 번호가 연결되지 않을 수 있음에 주의)
② 참석 예정 인원을 참고하여 신권으로 교환 후 등록(입장) 시 참석자에게 배부
③ 추첨용 쿠폰 번호는 사전 넉넉하게 준비했다가 배부된 지폐 번호까지만 추첨함에 넣고 실시

여기서 하나 더, 관점을 바꿔 전 원짜리 지폐의 입장으로 돌아가 보자. 만일 행사 당일 오만 원권, 만 원권, 천 원권이 오랜만에 만났다 치자. 막내 천 원이가 누런 형님한테 "그동안 잘 지내셨남유?"라고 묻자, 오만 원이가 "난 요즘도 금고에 갇혀 있다가 오늘 오랜만에 특별 휴가 나온 거야!"라고 답했다. 이번에는 만 원이도 대답했다. "응, 나는 요즘

놀이공원도 갔었고, 야구장이며 영화관에도 갔었어. 넌 어땠어?" 그러자 천 원이가 한숨 쉬며 말했다. "말도 마~ 나야 뭐 늘 그렇지 뭐. 교회, 교회, 교회, 법당, 또 교회…."라고. 그랬던 천 원이가 오늘은 대학교 구경도 했으니 진짜 〈천 원의 행복〉 아니겠습니까?

동문회 살찌우기 퀴즈 이벤트

　동문 선후배 간 소통 플랫폼인 밴드(SNS)상으로 퀴즈를 등재하고 행사 기간 종료 후 회장단 미팅 시 추첨을 통해 준비된 소정의 사은품을 증정한 행사로 선후배 밴드 가입 홍보, 발전기금 모금 활성화, 소통 강화 등 선후배 간 외연 확장 등 친목 도모에 순기능으로 작동하게 되었다.

---

1. 행사명: 〈2013 추석맞이 빅 이벤트〉
2. 목적: 동문회 회원 간 소통 광장인 밴드 가입 및 발전기금 모금 홍보
3. 행사 방법: SNS(밴드) 투표 기능을 활용 3지선다형 퀴즈 형태로 등재
4. 퀴즈 내용
Q: 동문회 발전기금 통장의 계좌번호(○○○-7913-6180*-○○) 중 7913의 의미는?
* 6180은 학과 행정실 대표 전화번호
① '79학번부터 13학번까지 함께'라는 뜻
② '친구일세'라는 뜻
③ '79세까지 13세의 건강나이를 유지하자'라는 뜻

코로나19 극복을 위한 부서 '희망 메시지' 이벤트

　코로나19 팬데믹 상황이 만 1년을 넘기면서 소모임조차 제한되고 있는 상황에서 정기인사가 마무리되었다. 승진, 전출, 전입 등 인사이동으로 매년 1/3 정도는 구성원이 바뀐다. 집합 금지 여건 속에서 정기인사 종료 후 직원들 간 새해 인사 등 소통을 통한 부서 공동체 의식 함양 및 분위기 전환을 위한 이벤트를 실시하게 되었다.

　방법은 부서 구성원 모두의 소통 플랫폼(밴드)에 2021년 / 2월 2일 / 23시 / 24분 / 25초 전후로 상호 인사말 및 자유 댓글을 남기면 그 다음 날 26명에게 커피를 제공하는 이벤트였다. 늦은 시간이라 무척 조심스러웠지만 정기인사 이후 부서 직원 상호 간 소통과 화합을 위한 수단으로 자율 참여 형태로 진행됐다. 뜻밖에 많은 부서원들이 동참해 줘서 놀라웠고 감사했다. 독특한 부장 만나 별일을 다 해 본다 싶었을 게다. 생방송 중계 화면을 보고 있는 것 같았다. 그 이듬해 2월에는 이와 유사한 콘셉트로 22일 22시 22분 22초를 뜻하는 스마트폰 화면을 캡처한 사진을 본 적이 있다.

행운권 추첨		SNS 이벤트
	20	
	21	
	22	2022. 2. 22. (화)
	23	
	24	
	25	22:22:22
	26	

13.
우리 모두 '함께해요'

　2012년 인사부 팀장 시절 부서는 1문 3정 2강 체제였다. 문○규 부장 외 5명의 팀장 중 정씨 성 3명과 강씨 성 2명으로 구성되어 있었기 때문이다. 그중 정씨 성 3명은 조선시대 의정부 조직을 본떠 삼정승(영의정, 좌의정, 우의정)이라 불렀다. 물론 술자리에서 우리들만의 얘기였지만 말이다.

　그리고 2013년 여름에는 학과 동문 모임에서 2년 임기의 동문회장직을 맡게 되었다. 졸업과 동시에 입대 및 전역 이후 취업하면서부터 꾸준히 동문회 활동에 참여한 결과라고 생각한다. 특히 20여 년간 학과 학군장교동문회(비탈회)를 이끌어 온 경험과 인맥 그리고 리더십을 학과 총동문회를 위해 발휘해 달라는 선후배님들과 교수님들의 주문에 봉사하기로 호응했다.

　이번에는 이와 같은 커뮤니티 생활을 하며 어떤 열정과 기획으로 이끌어 왔는지를 잠깐 소개해 보고자 한다.

　〈비탈회〉라는 학군장교 동문 모임은 전역 후 농협 입사 첫해인 91년 가을 첫 모임이 효시가 되었다. 선임 선배님들은 찾아 나서고 재학 후보생은 코칭 및 육성하는 차원에서 지속적으로 참여시키는 사업을 펼쳐 타 학과에서 선망의 대상이 될 정도로 탄탄한 조직으로 이끌어 왔다. 특히 소통 및 결속력 강화를 위해 군 조직 직명을 부여하여 책임감과 참여의식을 높이기도 했다. 회장을 기점으로 하여 선후배님들의 현재 직업 및 직장 정보 등을 참고하여 군의 사단급 편제로 조직을 구성한 것이다. 세대는 조금씩 다르더라도 문무를 겸비한 장교단 일원으로 여러모로 같은 길을 걸어온 공통분모와 소속감은 선후배 간 우애와 명예, 헌신 그리고 건강한 국가관으로 상호 공조하며 30년 이상을 이어 오고 있다.

학과 동문회장에 취임해서는 가장 먼저 동문회를 함께 이끌 회장단을 꾸린 후 임원진의 적극적인 참여와 열정을 당부하는 의미에서 '수석'이라는 직책을 부여했다. 그리고 동문회 위상 제고를 위한 "강원도를 넘어 대한민국으로"라는 슬로건을 만들었다. 또한 사업계획은 크고 작은 일일지라도 회장단 스태프와 협의 및 공감대 형성 후 SNS에 올려 소통하며 선후배 간 친목 도모를 위해 다양한 사업들을 차곡차곡 진행해 나갔다.

> 미디어수석(밴드&카페 관리), 회원마케팅수석(회원 발굴), 인사행정수석(회원 관리), 미래청년수석(재학생 소통창구), 행사문화수석(각종 행사 진행), 대외협력수석(발전기금 모금)

첫해 송년 모임부터 행사의 성격을 바꿨다. 선후배가 모이는 만큼 동기들끼리 모여 앉아 술이나 마시고 담화나 나누다 돌아가는 행사가 아닌 동문 선후배 간 화합과 소통을 위한 다양한 프로그램으로 구성했다.

예를 들어 학과 CC 동문을 위한 리마인드 웨딩 코너를 진행하는가 하면, 예전 방송 프로그램인 〈우정의 무대〉에서 어머니 목소리를 찾는 코너를 패러디하여 동문 배우자를 남편 모르게 사전 섭외한 후 '이 목소리는 내 아내가 맞습니다' 등을 진행했다. 송년회를 학창 시절 축제처럼 꾸미고 싶었던 플랜이다.

이듬해 여름에는 학과 신설 이후 최초로 동문 체육대회(졸업생&재학생)를 개최하였고 참가자 모두가 참여할 수 있는 깜짝 이벤트 등 다양하고 풍성한 행사를 진행했다. 이 또한 열정 없이는 도전할 수 없는 빅 이벤트였다.

총동문회	ROTC 동문회
◦ 송년의 밤 - 리마인드 웨딩(학과CC 동문) - 이 목소리는 내 아내가 맞습니다 (동문 배우자 사전 섭외 - 〈우정의 무대〉 패러디) - 재학생 특별공연 - 회장단 공연 및 학번별 장기 노래 자랑 등 ◦ SNS(밴드 또는 카카오톡)상 당일 생일 동문에게는 축하 전화하기 ◦ 학번 및 소모임 탐방, 스크린골프대회, 등산대회, 사회공헌 활동 등	◦ 모임명(VITAL, 무역인의 비전) 작명 ◦ 91년 12명(4개 기수) 첫 춘천 모임 - 96년 정기 총회 개최, 정식 모임으로 출범 - 97년 현수막 제작(2016년까지 사용) * 분실 소식에 나라를 잃은 느낌 - 매년 10월 3일을 정기 총회일로 지정 ◦ 임관 및 입단 후보생 축하 자리 개최(임관 예정 후보생 소대장 견장 수여) ◦ 학과 근조기 제작 후 조사 챙기기 ◦ 번개모임, 골프(스크린 포함), 등산 등

〈동문회를 이끄는 사람들〉
○ 회장(정종욱_85), 수석부회장(정해남_86), 감사(목진헌_86)
 부회장/춘천회장(남상규_85), 사무총장(변완수_87)
○ 수석: 회원마케팅수석(김찬중_87), 대외협력수석(박준식_88)
 인사행정수석(전형근_89), 미래청년수석(안정규_90)
 행사문화수석(김창근_90), 미디어수석(이택연_91)

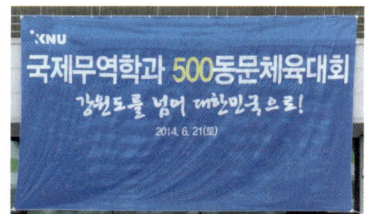

인터뷰 **이달의 파워 리더**

Leaders' World(ROTCian's 매거진) 2012. 2월호

강원대학교국제무역학과ROTC동문회 정종욱(27기) 회장
'함께이기에 아름다운 강원대학교 국제무역학과 ROTC 동문회'

그곳에 가면 반가움이 있고, 뿌듯함이 있다. 추운 겨울날 호호 불어먹는 군고구마의 맛과 같이 구수하고 꽁꽁 언 손발을 녹여주는 난로처럼 따뜻하다. 그저 함께하기에, 함께 나눌 수 있기에, 함께 추억을 쌓아갈 수 있기에 마음 든든하고, 생각만으로도 절로 힘이 나고 다음 만남이 기다려진다. 여기, 서로의 존재만으로도 자랑스럽고 따뜻한 선후배간의 동문모임이 있어 소개하고자 한다. 바로 강원대학교 국제무역학과 ROTC 동문회, 일명 비탈회(VITAL, Vision of trade interational)의 이야기다.

강원대학교 국제무역학과 ROTC 동문회, 일명 비탈회(VITAL, Vision of trade interational)의 탄생은 1991년으로 거슬러 올라간다.

"제대 후 학과 동기생 다섯 명이 술자리를 함께했습니다. '같은 학교, 같은 학

과를 나와 ROTC후보생 시절을 동고동락한 우리들의 추억과 우정을 이어나가자'는 게 당시 저희들의 마음이었습니다. 이후 저희와 뜻을 같이한 26기 김성대 선배님과 3·4학년 후보생(30·31기) 등 10여명의 동문들이 학과 교수님을 모시고 그 해 10월 춘천에서 식사 자리를 마련한 게 우리 모임이 탄생하게 된 계기가 되었습니다."

그 후 무려 세상이 두 번이나 바뀌었을 20년! 강원대학교 국제무역학과 ROTC 동문회는 차츰 동문들의 소식을 수소문하고, 회원 수를 늘려가며 오늘에 이르렀다.

정종욱 회장은 "첫모임 이후 해마다 학과 선배님들을 수소문했고, 21기 세 분, 23기 두 분, 24기 선배님 여덟 분 등 그간 소식을 몰랐던 동문들을 만날 수 있었다"고 말한다. 다만 "학과 역사가 짧은 관계로 우리 학과의 경우 ROTC 최초 기수가 21기"라고 덧붙이는 그는 총 72명의 학과 ROTC 동문 중 현재 동문회 활동을 하는 숫자가 무려 70명이나 된다고 설명한다. 동문의 수가 수백에 이르지는 않지만 소수정예의 의리 있는 동문들이기에 강원대학교 국제무역학과 ROTC 동문회 활동은 더욱 의미 깊고, 애틋한 것이리라.

비록 아담한 규모지만 어느 모임보다 활발한 활동을 펼치고 있는 강원대학교 국제무역학과 ROTC 동문회는 회원들의 원활한 소통과 친목도모를 위해 2010년 6월, 카페(http://cafe.daum.net/127trade/)를 새단장(최초 2003년 드림위즈 카페)하고 총 72인의 ROTC 동문 중 무려 56명의 회원을 보유하며 안성규(32기) 사무총장의 관리 하에 동문회의 일정과 회원들의 일상, 모임 후기 및 다양한 정보를 나누며 끈끈한 정을 이어오고 있다.

한결같은 성실맨, 강원대학교 국제무역학과 ROTC 동문회를 위해 살다

1991년 6월 전역(율곡부대)한 정종욱 회장은 그 해 9월 농협중앙회에 입사했다. 이후 주로 본부 생활을 해온 정 회장은 최근 일선 영업점의 부지점장을 거쳐 2011년에는 농협중앙회 e-비즈니스부 팀장에 발탁됐다. 그가 팀장으로 근무 중인 e-비즈니스부 기업e금융팀은 기업과 기관고객에 대한 기업인터넷뱅킹, 전자어음, 펌뱅킹, 가상계좌서비스 등 e금융과 관련된 다양한 비대면 업무를 담당한다. 특히 기업과 공공기관 등에 통합자금관리시스템(i-CMS)을 구축하는 업무는 IT기술에 금융을 결합시켜 이용기관의 은행주거래화를 유도할 수 있는 매우 중요한 업무파트를 담당하고 있다고.

군 전역 이후 만 20년이 넘도록 한 직장에서 다양한 경험과 노하우를 쌓으며 정도(正道)를 걸어온 성실맨 '정종욱'이 직장생활과 함께 한결같이 열정적으로 임해온 일이 있다. 바로 강원대학교 국제무역학과 ROTC 동문회 살림이다.

1991년 모임의 창립 멤버였던 그는 농협중앙회의 입사와 더불어 동문회 활동을 이끌어왔다. 동문회 총무를 수년간 수행하는 등 누구보다 열성적으로 동문회 활동을 해왔던 그는 2008년 10월 원주모임에서 선후배들의 성원에 힘입어 제1대 전을재(#21), 제2대 박종서(#24)회장에 이어 제3대 회장으로 취임하며 지금껏 동문회를 이끌어오고 있다.

"강원대학교 국제무역학과 ROTC 동문회는 제게 숨 쉬는 이유이기도 합니다. 열차를 보면 객차가 기관차를 밀고 갈 수는 없잖아요? 기관차가 객차를 끌고 가듯 동문회와 더불어 살아갈 겁니다. 앞서 걸어가는 사람이 많아지면 그것이 곧 길이 되듯 말입니다. 존경하는 선배님과 든든한 동기, 그리고 사랑하는 후배들과 같이하는 한 저는 평생 선후배님들과 더불어 살아갈 것 같습니다."

1996년에는 학과 교수님들과 단복을 차려입은 후보생들(#35, 36), 그리고 동문들이 참석한 가운데 정식으로 창립총회를 진행, 이후 해마다 정기적인 모임을 진행하고 있는 동문회. 동문회의 매년 정기 모임일은 10월 3일(개천절)이다. 이날은 일반 휴일이 아닌 국경일에다 가족 동반이 원칙이라 참석률을 최대화할 수 있다고. 매년 춘천, 서울, 원주, 속초 등 장소를 번갈아 가며 산행 또는 족구 등 운동 후 식사를 하는 프로그램으로 진행되며, 때로는 1박 2일의 캠프 일정을 진행하기도 하는 이들. 물론 10월 3일이 일요일이거나 특별한 연휴가 겹치면 일자를 조정하기도 하지만 매년 '10월 3일'은 강원대학교 국제무역학과 ROTC 동문회원들에게는 '새로운 추억은 물론 자부심과 에너지를 한껏 충전시켜 가는 날'로 자리매김하고 있다.

이쯤에서 '눈치가 빠른 사람'이라면 이미 한 번쯤은 궁금해했을 동문회의 명칭 사용에 대한 이야기를 덧붙이고자 한다. 모임의 정식 명칭은 '강원대학교 국제무역학과ROTC동문회'. 동문회에는 정식 명칭 외에도 비탈(Vision of trade International, 무역인의 비전)이라는 모임명이 있지만, 이 명칭을 만든 정 회장조차도 '비탈'이라는 모임명은 잘 사용하지 않는다. 혹여 여타 단순한 친목 모임으로 그 의미가 퇴색될까 걱정되기 때문이라고. 이는 모임의 정통성을 이어가고 싶어 하는, 그 정통성만큼이나 서로의 돈독한 우애와 명예, ROTC와 학과에 대한 열정을 지키고픈 동문들의 마음이 반영된 것이다. 최근 유행하는 말 중에 '딸 바보', '아들 바보'가 있다면 정종욱 회장에게는 'ROTC 바보', '강원대학교 국제무역학과 바보'라는 수식어를 붙여줘야 할까. 자신의 스마트폰에는 동문회의 모든 회원들의 연락처와 이름뿐 아니라 그들의 사진까지 함께 저장되어 있어 연락할 때면 언제든 얼굴이 먼저 보여 기분 좋다며 연신 웃음 짓는다. 인터뷰 내내, 이 동문회에 대한 이야기를 나누는 내내 행복하게 웃는 그에게서 '열정'이 느껴진다.

'함께'이기에 '오늘'이 아름다운 것이다

강원대학교 국제무역학과 ROTC 동문회 회원들은 해마다 봄이 되면 정기적으로 하는 행사가 있다. 새로이 입단한 후보생들과의 첫 만남 그것이다. 이때 선배들은 후보생에게 교훈이 될 만한 책 한 권을 구입해 그 자리에 참석한 선배들이 일일이 책 첫 장에 자신의 이름과 기수는 물론 격려 메시지를 적어줌으로써, 후보생을 환영하는 선배들의 따뜻한 마음이다.

또한 2년차 후보생들에게는 선배들이 미리 준비한 소대장 녹색 견장을 전달하기도 하는데, 이런 이벤트는 소대장 견장은 군 보급품이 아니라 상무대 교육을 마치고 자대 배치받을 때 본인이 직접 구입해야 되는 경우가 대부분이라 ROTC 장교로서의 자긍심을 한껏 고취시켜 주고자 하는 선배들의 값진 선물이자 퍼포먼스라는 데서 깊은 뜻이 느껴진다. 또 이렇듯 매년 틈틈이 진행하는 동문회 행사에는 회원들뿐 아니라 매번 학교 선배나 교수들을 초청해 함께 정을 나누고 있다.

"학과 모임임에도 불구하고 정기적이고 체계적으로 운영되다보니 학과 교수님들의 반응이 좋고 다른 학과 후보생들에게는 부러움의 대상이 되기도 합니다. 게다가 모임이 활성화되어 있는 것을 교수님들이 아시기에 학교발전기금이나 학과에 필요한 부분이 있으면 동문회에 요청하기도 합니다. 회원들과 협의하여 학교에 발전기금을 전달한 경우가 있는데 모교에서 경영대학 로비의 기탁자 명부판에 '국제무역학과ROTC'라고 동판으로 제작하여 자랑스럽게 새겨 주더라고요. 지금은 동문회와 관련된 소식을 전하는 자료에는 동판의 사진을 마치 낙관처럼 사용하고 있습니다. 하하."

어느 모임보다 의미 있고 체계적이라고 자부하지만 '강원대학교 국제무역학과 ROTC 동문회 바보'인 그에게도 아쉬운 순간은 있다. 과거에 비해 후보생 시절의 자유로워진 분위기 때문인지 후배 기수들의 결속력이 떨어지는 모습을 접해야 하는 순간이다. 그래서 그는 2010년부터 '기수탐방'과 지역 모임에 역점을 두고 있다. 동문회 카페에 공지되는 번개모임을 통해 후배들의 모임에 깜짝 방문을 하는 형식인데, 이때 깜짝 방문을 단행한 선배들이 후배들에게 식사를 사주기도 한다고.

이미 어느 모임보다 활발한 활동과 서로에 대한 자긍심이 높은 동문회의 모습을 접하며 동문회의 발전을 위해 하고 싶은 일이 많을 정종욱 회장에게

'앞으로의 계획'에 대해 물었다.

"91년 최초 모임에 모셨던 교수님께는 전 회원 명의로 감사패를 해드린 적 있지만 스승의 날이면 동문회원들이 모여 교수님을 찾아뵙는 시간을 갖고 싶습니다. 또 기회가 된다면 교수님께 먼저 양해를 구하고 학기 중의 강의 시간에 들어가 일반 학생들을 대상으로 ROTC 지원에 대한 홍보 또는 선배로서 진로 및 사회생활 등에 대해 소통하는 자리를 갖고 싶습니다."
더 많은 후보생 유치와 일반학생 후배들의 사회적 성장을 위해 선배들과의 연결고리를 찾아주고 싶다는 정종욱 회장이다.
"해마다 새로운 사업계획을 세우고 있지만, 무엇보다도 학생들을 위한 취업 설명회 등 선배들과 후배들이 연결되는 기회를 많이 갖고 싶습니다. 동문회가 재정적으로 여유가 생기면 회원들의 골프 모임도 한번 갖고 싶고, 현역 후배의 부대를 방문하여 군 장병을 위문하는 등 다양한 사업계획을 세워 보다 많은 회원들이 자랑스럽게 참여할 수 있는 동문회로 만들어 가고 싶습니다. 또 한 가지! 저희 동문회에서는 후배들이 결혼할 때 후보생이 아닌 예비역 선배들이 예도를 서주는 특별한 이벤트도 준비하고 있습니다. ROTC 선배로서, 결혼 선배로서, 인생의 선배로서 더 깊고 큰 의미가 될 것 같거든요."
평소 짬짬이 시간을 내 자신이 소장해 온 옛 사진들을 일일이 스캔해 동문회 카페에 올리는가 하면 그중에서 150여장 사진을 별도로 엄선하여 배경음악을 넣어 동영상으로 편집하여 2010년 송년 모임에서 상영했다는 정 회장. 그는 동문회 회원들의 소속감 고취를 위해 모든 우편물 하나하나에도 동문회 명의의 스탬프 고무인을 빠짐없이 찍어 발송하기도 한다. 1997년도에 제작한 동문회 현수막은 벌써 15년이 훌쩍 넘도록 사용하고 있다는 그는 '학과 근조기'를 제작한 이야기도 빼놓지 않는다. 아마 학과 근조기를 제작한 것은 강원대학교 국제무역학과 ROTC 동문회가 유일할 것이리라.
ROTC 모임이 있는 곳이라면, ROTC에 애정이 많은 동문이라면 어디에신가, 어느 모임에선가는 강원대학교 국제무역학과 ROTC 동문모임 10명 안팎의 회원들이 함께 자리한 단결된 모습을 볼 수 있을 것이다. 끝

열린생각 ON

Ⅲ

섬김은 스마트하게

- 친절이 최고인 시대는 끝났다

아이디어는 생각의 열매

1.
돈을 쓰는 영어와 버는 영어의 차이

2016년 정부는 읍면동사무소 명칭을 '행정복지센터'로 전환했다. 명칭만 바뀐 것이 아니라 주민의 복지 체감도를 제고하기 위해 기존의 민원서류 발급 등 민원 업무를 처리하는 중심에서 주민생활지원과 찾아가는 복지상담 및 맞춤형 통합 복지서비스 제공 등 지역주민 중심의 서비스를 확대했다. 물로 중간에 '주민센터'라는 명칭을 사용하기도 했다.

또한 2019년 1월 초등학교 급식소에서 저학년생에게 어른용 큰 숟가락과 긴 젓가락이 제공되고 있어 국민권익위와 초록우산어린이재단 등에서 문제를 제기하는 보도기사를 본 적 있다. 어른용 수저를 받아 사용하는 것은 '아동 최선의 이익 준수'를 규정한 유엔 아동권리협약 위반과 인권침해라는 진정 내용이다. 관행의 극치를 보여 주는 사례다. 학교 급식을 시작한 이래 몇십 년 동안 교육계는 학생의 관점에서 문제 인식이 없었단 말인가? 책걸상 높이는 학생 신체 조건에 맞추면서 식판 크기나 화장실 변기 높이까지는 고려하지 못했다는 사실에 크게 놀라웠다. 어린아이들을 배려하고 그들 관점에서 생각하는 사회를 지향해야 하는데 어른들이 관심을 갖지 않아 놓친 부끄러운 일이었다.

위에서 행정조직의 기능을 지역주민 중심으로 바꾼다든지 어린이 관점으로 급식용 도구를 개선한 사례처럼 필자는 예전부터 은행에서 일선 지점을 '영업점'이라고 부르는 것에 대해 개선의 필요성을 느꼈다.

많은 은행이나 기업들이 고객 접점인 최일선 현장을 지칭할 때 '영업점' 또는 '영업소'라고 부르고 있다. 그런데 고객의 입장으로 생각해 보면 기분 나쁠지도 모르겠다는 생각이 들었다. 영업이란 영어로 'Sales'로 영리를 목적으로 제품이나 서비스를 팔기 위한 제반 직무 활동이기에, 고객님을 서비스의 대상이 아닌 마케팅의 대상으로만 여긴다는 오해의 소지가 강해 보이기 때문이다. 지금과 같이 고객이 은행을 선택하는 디지털 시대에는 더더욱 획기적인 접근이 필요하다.

앞서 1장에서 잠시 소개해 드린 바와 같이 일본 이세탄백화점의 경우 백화점의 주인공은 고객이라는 강한 철학을 가지고 있다. 고객이 상품을 쇼핑하고, 고르고, 물건을 사는 곳이 바로 백화점이라는 개념이다. 결국 고객 입장에서 편히 쇼핑을 즐길 수 있는 공간이어야 하고 판매는 그 결과라는 사상이다. 은행도 마찬가지로 고객님들께서 상품을 쇼핑하고 상담받는 공간이라는 대대적인 인식 변화가 절실하다.

매장에 대한 관점 변경은 고객중심주의를 가장 잘 보여 주는 사례이다. 매장의 '매'를 기업 중심의 팔 매(賣)가 아닌 고객 중심의 살 매(買)로 바꾸었고, "고객기점(顧客起点)"을 회사의 슬로건으로 삼았다. 기점이라는 표현은 무엇을 기준으로 서비스를 기획하고 실행해야 하는지 그 핵심을 명확하게 제시해 준다. 서비스의 기점을 고객에게 두고 매장서비스뿐만 아니라 경영 전반으로 고객의 니즈를 중심으로 전략을 펴고 있기 때문이다.

'매장은 물건을 파는 곳'이란 관점을 가지고 있으면 파는 사람 중심의 마케팅에 주력하게 된다. 그러나 '매장은 고객이 물건을 사는 곳'이라는 관점을 가지면 사는 사람, 즉 고객에 대한 서비스에 주력하게 될 것이다.

이와 같이 영업점 그러면 왠지 직원 주도로 세일즈를 우선시하는 곳이라는 뉘앙스가 강하다. 예전에 창구 고객님들께 상품 안내를 하면 '또 뭐야?' '프로모션 떨어졌어?' '실적 올리래?' 등 싫은 내색을 하시거나 이런 얘기 듣기 싫어서 은행 창구에 가지 않으신다는 소리를 들었던 게 사실이다. 이러면 은행의 미래는 없다.

특히 4차산업혁명 시대에 비대면으로 금융업무가 대부분 가능해진 데다 심지어는 다가올 미래에 사라지게 될 직종 중 은행원이 포함된다는 뉴스는 이제 새롭거나 놀랍지도 않은 상황이다. 이에 존재의 이유를 찾기 위해서라도 선제적이고 혁신적인 대비책이 필요하다고 본다.

영업이나 마케팅 직군의 전문인력이 우대받아야 하고 양성하는 정책은 마땅하다. 군대로 따지자면 전쟁터에서 싸우는 전투병과다. 그러나 앞으로의 지점은 영업하는 장소가 아닌 금융서비스를 제공하는 '상담센터' 개념으로 가야 한다는 뜻이다. 필자가 이 책을 통해 시종일관 주장하는 전문성이 담보된 인재 육성 주장이 이를 바탕으로 한 논리다.

이를 위해 우선 '영업시간'을 '상담시간'으로, '영업점'은 '상담센터'로 바꿔야겠다. 다음은 전 직원의 고객 중심 마인드 대전환을 통해 지금까지의 단순한 고객 만족을 넘어 고객 관점에서의 차별화된 가치를 제공하고자 끊임없이 노력해야 한다. 단순 은행거래는 창구에서 이미 오래전 사라졌고 창구에서는 대출, 외환, 퇴직연금, 방카, 자산관리 등 전문지식이나 노하우가 집약된 상담업무 위주로 이뤄지고 있다.

통상 해외여행 시 외국어를 잘 못해도 의사소통에는 큰 지장이 없다고 한다. 이는 돈을 버는 영어가 아닌 쓰는 영어만 해도 대우받기 때문이다. 지금은 은행이 고객을 선택하는 시대가 아니라 고객이 은행을 선택하는 시대이다. 고객은 쓰는 영어를 하는 여행객이고 은행은 버는 영어를 구사해야 생존할 수 있는 여행지의 매점인 셈이다. 돈을 쓰는 사람은 '하우 머치? 땡큐!' 정도면 된다. 그러나 관광객의 지갑을 열어야만 살 수 있는 사람은 상품의 구매 수요자에게 A부터 Z까지 설명할 수 있는 진정한 프로, 바로 '꾼'이 되어 있어야 한다.

금융은 이미 오래전 냉엄한 글로벌 대양 속에 들어와 있다. 고객을 잡아 둘 그물은 이미 사라진 지 오래다. 고객은 이미 덩치 큰 괴물로 변했다. 그 괴물을 잡으려면 태평양만 한 그물과 전략이 필요하다. 예전처럼 직원 한 사람 한 사람이 '정성 들여 고객을 대하면 된다'라는 유치한 생각만으로는 부족하다. 고기를 잡기는커녕 난파 위기에 빠질 수 있다는 위기감부터 공감하고 고객 마음속으로 들어가 보자.

2.
고객 서비스(CS) 개념의 인식 대전환, K-CS

　전통적 의미에서의 'CS'라 함은 고객 서비스(CS, Customer Service)의 약어다. 다만 시대 변천에 따라 그 개념이 고객 만족(Customer Satisfaction), 고객 감동(Customer Surprise)으로 진화되어 왔다. '고객이 왕이다'라는 개념과 함께 시작된 고객 서비스의 개념이 고객 만족을 넘어 고객님께 감동을 줄 수 있어야 진정한 서비스라는 논리다.

　그러나 4차산업혁명 시대를 맞아 인공지능(AI), 로봇, 빅데이터 등 IT 기술의 발달로 비대면 거래가 대세로 자리 잡은 21세기에는 이미 세월 지난 콧노래다. 고객 감동을 넘어 '소비자보호(Consumer Safeguard[3])'로 개념을 확대할 시기가 도래했다고 본다.

　왜냐하면 '고객'이라 하면 내 편 네 편으로 가를 수 있는 소지가 다분히 있지만, '소비자'라 하면 좀 더 광의로 현재는 내 편이 아닌 잠재 고객까지도 포함하여 해석해야 하기 때문이다. 사전적으로도 '소비자는 사업자가 제공하는 상품이나 서비스를 소비 활동을 통해 구입하거나 사용하는 사람'이라고 되어 있다. 따라서 이제부터는 경제 주체의 한

---
3) 보호의 관용적 영어 표현은 Protection.

축인 소비자 모두를 고객으로 봐야 한다는 필자의 주장이다. 게다가 소비자보호란 제품이나 서비스를 이용하는 소비자를 보호하기 위한 다양한 조치를 포괄하는 개념으로, 소비자의 권익 증진과 권리를 보호하고, 소비자에게 정확하고 투명한 정보를 제공하며, 소비자들을 위협하는 요소를 방지하는 것을 포함한다.

아이스하키계(NHL)의 살아 있는 전설 웨인 그레츠키는 "나는 퍽(하키용 볼)이 있었던 곳이 아니라, 퍽이 있을 곳으로 움직인다."라는 유명한 말을 남겼다. 퍽을 고객으로 비유하자면 지금까지의 CS(고객 만족)는 퍽이 있었던 곳이었다. 앞으로의 CS는 고객이 있을 곳으로 먼저 움직여 만족을 넘어 보호까지 아우르는 개념의 CS(소비자보호)로 확대해야 한다. 그렇기에 빠르게 변화하는 시장에 대응하기 위한 혁신과 통찰력이 중요하다.

결국 앞으로의 CS는 고객 서비스부터 소비자보호까지라는 개념의 'K-CS'라는 신조어를 2023년 초 창시하여 각종 회의자료 및 보도자료에 활용하였으며 언론사 기고도 하게 되었다.

〈도입기〉	〈성숙기〉	〈미래〉
고객만족 》	고객감동 》	소비자보호
〈Customer Satisfaction〉	〈Customer Surprise〉	〈Consumer Safeguard〉

기고 CS를 품은 소비자보호, K-CS

(농민신문, 2024. 4. 1.)

'4차 산업혁명 시대'를 맞이해 고객 관리 개념에 대한 획기적인 변화가 필요하다. 전통적 개념에서 '고객'은 구매 혹은 비구매라는 하나의 방향성만 가졌다. 비대면 거래가 활발해진 디지털 시대에 고객은 양방향의 네트워크가 가능한 경제 활동의 한 주체가 됐다. 가계 즉 소비자 모두가 잠재 고객으로 확대된 것이다. 이러한 시점에서 모든 산업에서는 '고객 보호'라는 정책이 최우선 과제로 부상하고 있다.

다산 정약용은 '목민심서'를 통해 '백성을 보호하지 못하면 아무리 요순의 법이라도 실시할 곳이 없을 것이다'라고 말했다. 국민의 안전과 행복을 위해 지방 관리가 최선을 다해야 한다는 뜻이다. 이처럼 기업도 아무리 좋은 상품이나 서비스라 하더라도 고객과의 신뢰가 무너진다면 고객의 '조용한 이탈'이 발생할 가능성이 높다. 결국 기업의 지속가능성에 한계가 나타날 수 있다. 예컨대 최근 사회적으로 쟁점이 되고 있는 홍콩 H지수 기초 주가연계증권(ELS) 상품의 대규모 손실 발생도 고객을 단순 구매자가 아닌 '파트너십'을 가진 소비 주체로 인식해야 함을 보여주는 사례다. 서비스 제공자는 고객의 권리와 자산까지 안전하게 보호해야 할 의무가 있는 것이다.

이에 고객 서비스(CS, Customer Service)의 개념을 고객 만족(Customer Satisfaction), 고객 감동(Customer Surprise)을 넘어 '소비자보호(Consumer Safeguard)'로 확대해야 한다. 소비자보호란 제품이나 서비스를 이용하는 소비자를 보호하기 위한 다양한 조치를 포괄하는 개념이다. 소비자의 권익 증진과 권리를 보호하고, 소비자에게 정확하고 투명한 정보를 제공하며, 소비자들을 위협하는 요소를 방지하고, 소비자들에게 공정한 대우를 제공하는 것을 말한다. 기업의 사회적 책임의 일환이기도 하다.

이에 기업 등 서비스 제공자는 이러한 시대정신과 사회적 공감대를 파악하고 발 빠른 대응을 해야 한다. 소비자 눈높이에 맞춰 CS 담당자뿐만 아니라 모든 조직 구성원이 소비자보호에 대한 인식을 제고하는 등 전문성을 강화할 필요가 있다. 또 고객의 소리를 적극 청취하고 관련 제도를 유연하게 개선하는 등 직원 모두가 주인의식을 가진 응대 태도를 보여야 한다. 즉 고객서비스에 소비자보호의 개념을 더한 'K-CS'를 도입해야 한다.

소비자가 안전하다고 믿을 수 있는 제품이나 서비스를 제공받을 수 있을 때 기업은 소비자의 신뢰를 얻을 수 있고 장기적인 성장을 이룰 수 있다. 따라서 기업은 소비자보호의 중요성을 인식하고, 소비자 관점에서의 보호를 충족하기 위해 최선을 다해야 한다. 이를 통해 기업은 소비자들과의 긍정적인 관계를 유지하며 사회적 책임을 다할 수 있다.

3.
고객맞이 기본은 업장 환경 정비부터

　예전 우리 조상님들은 공부할 때 아무도 보는 사람이 없어도 용모를 단정히 하고 의관을 정제한 후 책을 읽었다고 한다. 의관정제란 옷과 모자를 바르고 가지런하게 한다는 뜻으로, 옷차림을 단정하게 하는 것이 예의일 뿐만 아니라 마음과 행동을 바르게 하는 시작이 옷차림이라 생각했다. 지금도 제복이나 유니폼을 입는 조직에서는 정체성이나 규율과 질서를 강조하는 의미에서 유지되고 있다 본다. 또한 사극에서 하인들이 아침에 일어나 제일 먼저 하는 일이 마루와 마당을 쓸고 닦는 모습을 보았을 것이다. 권문세족이나 사대부 집안일수록 더 심했다. 찾아오는 사람들도 많고 대부분 고관대작이라 가문의 체통을 위해서다.

　하물며 서비스업을 영위하는 금융권에서 사업장의 청결함 유지는 너무나도 당연한 것이다. 누구나가 객장에 들어섰을 때 공기가 맑게 느껴질 정도로 구석구석 깨끗하고 정리 정돈이 잘되어 있어야겠다. 가령 집에서 전날 저녁에 사용했던 식기에 아침에도 그냥 밥을 담아 먹지 않고, 깨끗이 설거지를 한 뒤 먹지 않는가? 객장을 넘어 주차장, 외관, 화장실, 조명, 사무용품 진열 상태 등이 눈에 거슬리지 않을 정도는 되어야겠다. 특히 앞으로의 은행 창구는 할인형 매장이나 창고형 백화점 수준에서 벗어나지 못한다면 금융자산가는 물론이거니와 젊은 세대는 다른 은행을 찾게 될 게 자명하다. 슬금슬금 빠지기 시작하다 보면 어느 날 빈 깡통만 남을 수 있다.

'깨진 유리창의 법칙'을 떠올려 보자. 우리가 우리 점포를 가꾸고 아껴야 좋은 고객님이 찾고 사업 또한 증대되는 것이지, 반대로 자기애나 소속감의 결여는 고객으로 하여금 광속 이탈을 부추길 수도 있지 않을까?

세상 모든 일에는 첫인상이 중요하다. 예를 들어 진료를 받기 위해 병원에 갔을 때 깨끗하고 정리 정돈이 잘된 곳과 꼬질꼬질한 인테리어에 꿉꿉한 냄새가 진동하는 곳이 있다면, 어느 병원에 신뢰가 가겠는가? 또한 환자에게 신뢰감의 상징인 의료진의 제복이 때에 찌들고 낡아 있다면 아마도 여러분은 바로 되돌아 나올 수도 있겠다. 이처럼 사업의 기본은 고객을 맞이하는 사업장의 환경과 직원들의 태도다. 시작이 반이라는 속담도 있듯, 기본적인 정리 정돈이 성공 요인 중 하나다. 이는 역으로 얘기하면 실패 요인 중 하나가 된다.

새봄맞이 건물 외곽 및 간판 물청소, 화단 정비, 정원수 가지치기 및 낙엽 제거, 매일 아침 담당 구역 청소하기 등 내 가게라는 주인 정신으로 당행의 명예를 걸고 업무에 임하는 멋진 사무실을 만들었다. 인근 타 점포 출입문 입구의 잡초를 보는 순간 씁쓸한 마음과 함께 그 점포 대표님과 종업원들의 눈에는 거슬리지 않았을까?

4.
얼굴 걸고 친절히 모시겠습니다

창구에서의 대고객 업무처리 과정에서의 친절한 응대와 태도는 시대가 변해도 불변의 필수 덕목이다.

2016년 춘천에서 근무 당시 일화다. 당행 객장관리 정책상 CS 실명제 도입을 통한 서비스 품질 제고를 위해 객장에 지점장과 담당 책임자의 사진과 이름을 게시토록 되어 있었다. 부임하자마자 사무실 자리에서 '사진 한 장을 촬영하자' 하기에 찍었다. 그런데 알고 보니 그 사진이 객장 한가운데 떡하니 걸려 있는 게 아닌가? 며칠 지난 후 저런 무의미하고 평범한 사진보다는 스토리텔링이 있는 사진이면 더 좋겠다는 생각이 들었다.

그래서 부임하기 바로 직전 금융지주 근무 당시 담당 팀장으로서 개발했던 농협금융 BI인 '금융의 모든 순간'과 CS를 접목하여 작품을 만들어 보기로 했다. 그 결과 "금융의 모든 순간-친절히 모시겠습니다"라는 재치 있으면서도 목적에 부합하는 작품을 만들 수 있었다. 마침 캘리그라피에 소질이 있는 딸의 협조를 받아 작품을 완성했다. 재촬영 후 교체하고 나니 좀 더 진정성도 있어 보이고 전문성도 느껴진다는 피드백이 있었다.

그러고 나서 8월 말쯤 영업 마감 시간이 가까워지고 있는 3시 반쯤 객장에서 실제 일어났던 얘기다. 기초연금이 나오는 날이라 객장에는 많은 어르신들로 순번 대기 번호가 밀리고 있었다. 단순 출금 거래인 경우가 많아 출금표 작성하는 거라도 도와드리려고 객장에 나갔다. 바로 창구 매니저 역할이다. 70대 중반쯤 되어 보이는 남성 어르신께 "무엇을 도와드릴까요?"라고 묻자 어눌하기도 하고 횡설수설하는 말투로 "시청 주차장에서 내 차 좀 가져다주시게. 내가 은행일 보고 집에 끌고 가게."라고 말씀하셨다. 그런데 상태를 보니 안 될 것 같았다. 위험하실 것 같다고 말씀드리자 "그럼 대리기사 좀 불러 줘." 하신다. 이상했다. 이건 아니다 싶어 자녀분 연락처를 물었다. 그러자 막내아들이라며 번호를 눌러 주셨다. 아드님께 자초지종을 설명드리자 감사하다며 "아버지가 시골에 혼자 사시는데 제가 주말에나 내려갈 수 있으니 병원으로 입원시켜 주실 수 있으세요?" 하셨다. 사무실 건너편 인근에 종합병원이 있었는데 같은 증상으로 마침 그 병원에 입원하셨다가 퇴원시켜 달라고 하도 난리를 치셔서 일주일 전에 퇴원시켜 드렸다 했다. 필자가 병원 원무과장을 잘 알고 있었던 터라 전화를 드려 설명드리자 119로 신고하여 구급대 차량으로 이송시켜 달라고 하셨다. 구급차가 출동하여 인계해 드렸고 차량은 시청 주차장에서 출차시켜 병원 주차장에 주차해 드리며 상황은 종료되었다. 2~3일 뒤 아드님께서 전화하시어 덕분에 안전하게 치료받고 계시다며 감사해하셨다. 객장에 얼굴 걸어 놓으며 다짐한 '금융의 모든 순간에 친절히 모시겠습니다'라는 약속을 제대로 지킨 것 같아 참으로 보람된 하루였다.

소비자보호부에 부임해서는 직원 스스로 소비자보호 업무의 본질적 책무를 다하고, 고객보호에 충실할 것을 다짐하기 위해 명함 뒷면에 '금융소비자보호법 제1조(목적)'을 포함하여 인쇄 후 부서 전원에게 배부했다.

* 금소법 제1조(목적): 이 법은 금융소비자의 권익 증진과 금융상품판매업 및 금융상품자문업의 건전한 시장질서 구축을 위하여 금융상품판매업자 및 금융상품자문업자의 영업에 관한 준수사항과 금융소비자 권익 보호를 위한 금융소비자정책 및 금융분쟁조정절차 등에 관한 사항을 규정함으로써 금융소비자보호의 실효성을 높이고 국민경제 발전에 이바지함을 목적으로 한다.

5.
다산(茶山)의 마음으로
《고객심서(顧客心書)》제작

2021년 3월 25일부터 시행된 금융소비자보호법(금소법)은 금융소비자의 권익 보호 및 건전한 시장질서 구축을 목적으로 제정되었다. 이에 따라 임직원의 주요 내용 완전 숙지 및 공감대 형성을 공고히 하고자 임직원용 안내장을 제작하게 되었다. 특히 6대 판매 원칙, 신설된 소비자 권리, 위반 시 제재 사항 등 강화된 금융사의 책임 내용을 요약 정리하여 제공했다. 이로써 고객님 응대에 만전을 기해 고객님의 권익 증진은 물론 임직원의 법규 위반으로 인한 제재를 사전 예방할 수 있는 계기를 마련했다.

주요 내용으로는 금융소비자보호법의 이해, 전기통신금융사기 주요 유형 및 피해 발생 시 대응 요령, 민원 예방, 금융소비자보호 실천 과제, 금융소비자보호 헌장 등을 담았다. 안내장 제목은 《고객심서(顧客心書)》로 다산 정약용 선생의 《목민심서(牧民心書)》의 집필 취지인 '백성을 보호하지 못하면 아무리 요순의 법이라도 실시할 곳이 없을 것이다'라는 뜻을 깊이 새기고자 인용하여, 우리

농협도 고객님의 자산과 권리 보호가 우선이라는 의미를 담았다. 안내장은 다량 제작되어 전국 사무소에 배부되었다.

이와 연결하여 금소법의 중요성 및 경각심을 본점 직원들에게도 전파하기 위해 아침 출근 시간에 현관에서 제작된 안내장을 배부하는 캠페인을 개최하기도 했다.

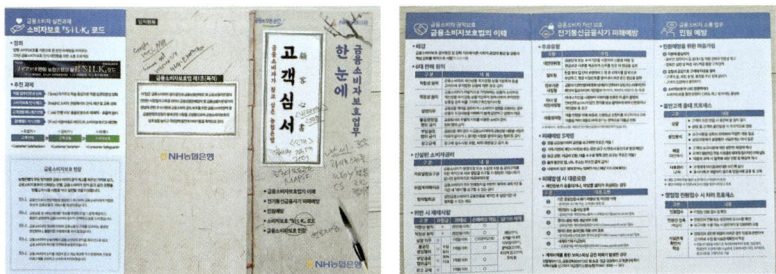

배포된 《고객심서(顧客心書)》

6.
고객 관리 <연날리기 이론>

> 동네 꼬마 녀석들 추운 줄도 모르고 언덕 위에 모여서 ♬
> (라이너스 <연>)

 고유의 민속놀이 중 '연날리기'가 있다. 기본적으로 바람을 이용하여 연을 공중에 떠오르도록 하는 놀이다. 따라서 연을 높이 멀리 날리기 위해서는 연의 모양과 크기 그리고 바람의 세기 등이 절대적으로 중요하다.
 아울러 연을 멀리 날리기 위해서는 넓은 공간과 든든한 연줄이 필요하다. 그래서 시골에서는 대개 넓은 논바닥이나 바람 많은 동산 같은 데서 많이 날린다. 또한 날리는 사람의 솜씨에 따라 자유자재로 날릴 수도 있다.

연날리기

17년 필자가 강원도 지방사무소에 근무할 때의 일이다. 누구나 그러하듯 부임 후 첫 업무로 주요 거래처 인사를 다녔다. 1주간 명함을 들고 부임 인사를 다니며 고객님들과의 첫인사 겸 이런저런 얘기를 들었다. 매우 소중하고 뜻깊은 시간이었다. 시골 특성상 읍내라고 불리는 지역이 그리 넓지 않은 데다, 명함을 정리하며 점주권 지도를 살펴보니 크게 '중앙로'와 '상승로'라는 도로를 중심으로 상권과 생활권이 분포되어 있다는 것을 알 수 있었다. 사무소 앞 도로는 '중앙로', 좌측 아래에서 우상향하는 도로는 '상승로'였다.

사람인(人) 형태의 상승로와 중앙로

우연의 일치겠지만 지도상으로 상승로와 중앙로의 모양을 살펴보면 한자(漢字)의 사람인(人) 자 모양으로 보이는 게 아닌가? 마치 고객님과 농협의 관계가 사람인(人) 자 모양처럼 말이다. 고객님이 상승할 수 있도록 농협이 중앙에서 고객님을 받치고 내달리고 있는 모습이 연상되었다. 바로 '상승로'는 꼬리가 긴 대형 '연'이고, '중앙로'는 '연줄'에 비유되는 듯한 놀라운 사실을 발견한 것이다.

대형 읍내 지도를 사무소장 벽에 설치하고 전주권 활동 결과를 가지고 고객 기반 확대를 위한 사업에 착수했다. 사업명은 〈고객님 연날리기〉 프로젝트였다. 고객님은 상승로이자 사람인(人)의 왼쪽 획에 해당하는 각양각색의 '연'이며, 중앙로에 위치한 농협은 연줄이자 사람인(人)의 아래에서 받치고 있는 획으로서 연을 안정적으로 띄워야 하는 '선수'라는 이론이다. 즉 고객님의 권익 증진 및 금융거래 편의성 도모를 위해 농협이 중간에서 전문적이고 안전하게 도와드려 상호 시너지를 통해 원원할 수 있겠다는 생각에서였다.

결국 선수는 연을 안정적으로 띄울 수 있도록 바람의 세기나 연의 종류 그리고 연줄의 상태 등을 세심히 살펴야 한다. 바람의 세기나 연의 종류는 외부 환경 및 고객의 다양한 상황이나 니즈를 의미하는 것이고 연줄은 은행의 시스템이나 인적 네트워크를 뜻하는 것이다. 그 선수가 동네 꼬마 녀석 수준인지 고수 수준이냐는 선수의 기술에 달렸기 때문이다. 즉 바람의 상태를 잘 파악하고 적합한 입지 여건과 기술을 사용하여 연을 조종해야 하는 고수가 되어야 한다. 바람을 찾아 언덕 위로 올라가는 이유다. 바람이 약하거나 없는 곳이면 들고 뛰어야만 하는 고된 노동이 되고 말 것이다.

고수가 바람의 세기를 잘 다스리며 익힌 기술을 통해 멋진 솜씨를 발휘하는 것처럼, 직원들은 익힌 지식과 자격증을 고객에게 최상의 서비스로 제공하는 것이 목적이어야 한다. 연은 종류도 다양한 데다 바람이라는 여건에 따라 언제 어디로 날아갈지 모르는 상황이기 때문이다. 그 연을 잡을 수 있는 것은 마음만으로 되는 것도 아니고 서비스만으로 되는 것도 아니다.

세심한 배려를 통한 고객 관점에서 생각하고 전문성을 통해 완벽한 금융서비스를 제공하는 것이다.

연줄을 당기거나 달려 바람에 연을 띄우듯 고객님들의 업무를 빈틈없이 챙겨 드린다면 연이 날아올라 상승하듯 고객님의 업무 만족도 제고와 함께 은행의 사업 확대에도 순기능으로 작용할 수 있다는 이론이다.

7.
우리의 살길은 S·I·L·K 로드

금소법 본격 시행 및 지배구조법 개정 등 금융권 전반에 규제의 바람이 강하게 불고 있다. 특히 디지털화, 고위험상품 출현 그리고 전기통신금융사기 피해 급증 등은 금융권에 한층 강화된 금융소비자보호 내부통제 시스템을 요구하고 있다. 특히 저금리 시대를 맞아 전통적 예금보다는 고위험 고수익상품 등에 투자하는 고객님이 증가하는 만큼 금융의 모든 순간에 설명 의무 준수 등 금융소비자보호 업무가 매우 중요해졌다.

따라서 선제적으로 고객 자산 보호 및 민원 예방을 위해서는 기본과 원칙에 충실한 先 소비자보호 後 마케팅이라는 인식 전환 및 마케팅 강화 방안이 필요해졌다. 먼저 민원 부문에서의 반복되는 시행착오를 체계적으로 감축시키기 위해 22년 1년 동안 접수된 민원 전체를 촘촘히 해부하여 세밀한 원인분석에 들어갔다. 그동안의 분석이 부서별, 지역별, 업무별 등으로 업적평가 반영에 필요한 분석 수준이었다면 금차 분석은 민원 유발 원인별, 직원별(입사연차, 직급, 직책 등), 민원 유발일과 접수일과의 상관관계 등을 추가했다. 또한 일선 창구 직원들의 문서 구독률, 필수 교육 수강률, 민원 또는 제도 개선 반영률 등과의 연관성도 입체적으로 심층 분석하여 실질적이고 종합적인 개선책을 찾는 것이 목적이었다.

다양한 채널로 접수된 고객의 목소리를 가지고 데이터 분석을 했다. 민원의 원인 및 패턴, 고객의 요구사항, 제도적 결함 및 문제점 등을 분석하여 개선 사항을 도출하였다. 그리고 이를 바탕으로 23년부터 전사적으로 금융소비자의 눈높이에서 추진해야 할 방향과 논리적 근거를 마련했다. 크게 4가지로 대변되었다. 첫째는 창구 상담 과정에서의 업무 미숙 등이 고객님께 많은 불편함을 느끼게 하는 가장 주된 요인으로 분석되었다. 둘째는 금소법 전격 시행 등으로 소비자의 권리는 한층 강화되었으나 일부 직원들은 아직도 소비자보호 중요성에 대한 인식 개선이 미흡하더라는 점이다. 셋째는 고객님들의 민원, 불만, 제안 등 고객 경험이 민첩하게 제도적으로 연결되어 반영 또는 개선되는 경우가 적거나 늦어 반복적으로 발생하고 있다는 점이다. 마지막으로 창구에서의 응대 태도에 대한 지적이었다.

이에 따라 업무 전문성 강화, 소비자보호 인식 개선, 고객 경험 제도 적극 반영, 응대 태도 대전환 등 4대 중점 추진 과제를 선정했다. 가장 안타까웠던 점은 단순하고 기본적인 업무와 태도 등에서 야기되는 민원으로서 반복되는 실수를 줄여야겠다는 대목이었다. 선제적이고 지속적인 소비자보호 기반 조성 및 정착만이 향후 자연스럽게 마케팅으로 이어질 수 있다는 전제하에 농협 임직원이 지향해야 할 대명제로 설정했다. 그 결과 "소비자보호만이 농협은행의 살길 - 『S·I·L·K』 로드"라는 슬로건이 탄생되었다. 동서양의 교역 및 정치·문화를 연결하였던 길이 실크로드였던 것처럼, 농협의 소비자보호 업무가 마케팅 영역의 전초기지이자 가교역할을 하자는 신개념이다. 소비자보호 업무와 마케팅은 마치 2인3각 경기처럼 동반자 관계인 것이다.

"무관심한 고객보다 불평불만이 많은 고객이 낫다"라는 말이 있다. 민원(民願)을 민원(敏援)으로 재정의했다. '고객이 원하는 것'을 뜻하는 민원이 아닌 '고객의 마음을 헤아려 신속하게 돕는다'라는 뜻의 신조어 민원이다. 민첩할 민(敏)과 도울 원(援)이다. 불평불만인 고객의 마음을 읽어야 살 수 있다.

추진 과제	주요 내용
Study (업무 전문성 강화)	일선 지점 창구에서 프리미엄급 금융서비스 제공
Insight (소비자보호 인식 개선)	공급자가 아닌 소비자 관점에서의 인식 제고
Link (고객 경험 제도 반영)	고객의 소리(VOC) 적극 경청 및 제도 반영
K-CS (응대 태도 대전환)	사업자대표 마인드의 소비자보호(신CS) 개념 정착

분석 내용과 슬로건은 체계적이고 전사적인 공감대 형성 및 홍보를 위해 각종 내부 보고를 마쳤다. 현수막은 제작하여 부서 내 게시는 물론 부서에서 생산되는 문서 상단에 광고 배너 등으로 노출을 강화했다. 특히 'Study(업무 전문성 강화)' 부분은 그 후 〈금융소비자보호 헌장〉 재정비 시 제1조에 '금융인으로서 전문역량을 함양하고'라는 문구로 이어졌고, 농협 CS 브랜드인 맵시(MAPSI)의 M도 전문가를 뜻하는 'Master'로 리뉴얼되어 재탄생하는 등 업무 전문성을 강조하는 정책을 총체적으로 펼쳤다. 또한 문서 구독률 제고 및 화상교육 등 교육 참여를 독려하는 내용을 '소비자보호마일리지 제도' 설계 시 반영했다.

'소비자보호만이 농협은행의 살길'임을 강조했다. 그 길이 실크로드이다.

"소비자보호만이 농협은행의 살길 - 『S·I·L·K』로드" 슬로건

8.
고객님 마음 사는 데 1원이면 충분

고객 관리 정책에 따라 우수고객을 총칭하는 명칭(단골고객, VIP, VVIP, 핵심고객, 하나로가족고객 등)이나 내부 구간별 네이밍(탑클래스, 골드, 로얄, 그린 등)은 변천되어 왔다. 그러나 고객님들께서 이 제도를 정확하게 숙지하시고 혜택을 누리시거나 피부로 느끼는 경우는 그리 많지 않다고 본다.

하나로가족고객의 경우 고객님께서 이용하시는 예금, 대출, 카드 등 모든 거래의 규모별, 기간별 점수를 가중치로 환산하여 일정 기준에 따라 분기별로 해당 등급을 재산출된다. 해당 레벨에 따라 이자율 우대 및 수수료 감면 등 금융서비스 혜택이 차등화된다.

필자는 고객님과 미팅이 예정되어 있거나 방문 시 고객님별로 산정된 점수를 확인하고 맞춤식 상담에 임했다. 먼저 하나로가족고객에 대한 폭넓은 이해를 돕기 위해 제도에 대해 설명드렸다. 그리고 어떤 항목에 대해 추가 거래 또는 증액이 된다면 레벨이 상향된다거나 어떠한 우대 혜택이 생성되는지 차근차근 설명드렸다. 물론 은행의 고객 관리 부문 업적평가에도 큰 도움이 되는 것 또한 부인할 수 없는 사실이다.

따라서 직원들에게는 손에 잡히는 사례별 교육을 통해 공감대 형성으로 함께 특별추진을 펼쳤다.

직원별 담당 고객님 중 하나로가족 점수를 확인한 후 등급 상향 추진이 가능한 대상 고객을 선정했다. 가령 3개월 예금 평균잔액이 99,999,999원인 고객님이 계시다 치자. 이 경우 로얄 등급 획득을 위한 점수에 단돈 1원이 부족하여 그린 등급으로 분류되는 사례로 별다른 우대 혜택이 없으신 경우다. 이 고객님의 경우 3개월 예금 평잔 1원 추가 가입만으로도 로얄 고객으로 분류되어 등급별 제공되는 우대서비스를 받으실 수 있게 된다. 혹시 이해를 돕기 위해 3개월 평잔 1원이라 하면 분기 초 1일에 가입하면 90일 내내 평균 잔액이 1원을 유지했다는 뜻으로, 만일 분기 말일에 3개월 평잔 1원을 달성하기 위해서는 89일이 이미 지나간 관계로 90원을 가입해야 90일 평균 잔액이 1원이 된다.

물론 지점도 고객 관리 부문 평가 항목에서 가중고객수가 1명에서 5명으로 평가됨에 따라 업적 거양에도 크게 기여할 수 있었다. 이러한 노력으로 2009년 4분기 〈PB고객 특별추진운동〉에서 최종 평가결과 그룹 내 1위 달성이라는 쾌거를 이뤘다. 이처럼 고객님과 은행 모두가 위위할 수 있는 업무추진이라 의미가 배가 되었다.

지역특화형 공공금융팀	A	1위 서산시지부, 2위 창원시지부, 3위 부산대지점, 제주시지...
	B	1위 동두천시지부, 2위 정부과천청사지점, 3위 대구중동지점
	C	1위 횡성군지부, 2위 의왕시지부, 3위 장흥군지부
	D	1위 울주군지부, 2위 광명시지부, 3위 서울시교육청지점

최종 평가결과 그룹 내 1위 달성 쾌거

9.
잠꾸러기 너, 지구 끝까지 쫓는다

휴면예금은 관련 법률 규정이나 당사자와의 약정에 따라 채권 또는 청구권 소멸시효가 완성된 예금 등을 말한다. 쉽게 말해 예금주가 소액이거나 존재 자체를 잊고 오랜 기간 찾아가지 않은 돈이다. 해외 장기 체류 중이거나 주소나 연락처 변경 또는 사망으로 연락이 닿지 않아 찾아 드리기 어려운 경우 참으로 안타깝다.

특히 시골에 거주하시는 고령자의 경우 간혹 홀로 사시다가 세상을 뜨시는 경우가 있어 더욱 주의해야 할 업무이기도 하다. 따라서 금융당국이나 금융권에서는 내부통제 미흡 시 부당 인출 금융사고 예방 및 소비자의 재산 보호를 위해 휴면계좌 특별 정리 기간을 정기적으로 정해 정상화되도록 적극 추진하고 있다.

간혹 전화 통화가 되지 않는다는 이유로 기록만 유치한 채 한 달, 반년, 1년을 경과시키는 사례도 있을 것이다. 2016년 가을 장기 미인출 입출식 계좌의 예금주를 수소문하여 5천여만 원의 휴면예금을 찾아 드린 사례다.

장기 무거래 계좌 리스트를 꼼꼼히 확인하는 도중 70대 중반으로 기억되는 고객님의 자료가 눈에 들어왔다. 예금 잔액이 컸기 때문이다. 입출금 거래 내역을 쭉 살펴보니 그 당시 기준으로 최근 6년간 매주 정기적으로 입금은 되고 있으나 출금 기록이 전혀 없었다. 이상하다는 느낌이 들었다. 주소상으로는 사무실 바로 길 건너편 현 편의점 자리였다. 오랫동안 거래가 없으셨으니 기타 정보에 '춘천시약사회'라는 정보가 전부였다. 카드매출대금이 입금되고 있다는 점을 착안하여 카드 부서의 협조를 받아 수소문 끝에 예금주와 통화가 되었다.

바로 출장을 달고 알려 주신 장소를 방문했다. 명○약국이었다. 시내에서 약국을 운영하시다가 의약분업으로 경영이 어려워져 면소재지로 이전 개업하셨다 한다. 이전하면서 관리 목적상 카드매출대금 입금 통장을 주거래 은행으로 일원화하는 과정에서 농협카드 매출분의 입금 계좌 변경이 누락된 듯하다 하셨다. 결국 농협카드로 판매한 대금이 6년간 농협 계좌로 계속 입금되는지조차 모르고 영업하신 거였다. 그 다음 날 신분증을 지참하시고 사무실에 방문하셔서 통장 재발급 등 업무를 처리해 드렸다. 무척 감사하다고 표현하셨고 10%는 교회에 헌금하신다고 현금으로 출금하고 나머지는 정기예금하고 가셨다.

아래 두 가지 사례도 장기간 미해지 상태였던 계좌의 예금주를 찾아 정상화시켜 드린 경우다. 두 분 모두 고령자이신 데다 독거 중이라는 공통점이 있었다. 114 전화번호부 정보를 이용하거나 아파트 관리사무소와 이장님의 협조를 받았다. 이러한 끈질긴 발품과 열정 등을 모아 '2009년 고객 관리 우수사례 공모전'에 응모 결과 전국 최우수상을 수상하기도 했다.

사례 1	사례 2
▷ 71세 여성 고객님('09. 5.)	▷ 92세 남성 고객님('09. 8.)
▷ 114전화번호부와 관리사무소 협조	▷ 마을 이장님 협조
- 수차례 만기 안내 전화에도 불구 불통	- 워낙 고령인 데다 수차례 통화 안 됨
- 신청서상 주소 방문, 부재중	- 자택 방문하여 문패로 자가 확인, 부재중
- 〈114 전화번호부〉 이름, 전화번호, 주소 동일	- 마을 이장님을 찾아 방문 목적 설명
- 아파트 관리사무소 출장 및 방문 목적 설명	- 독거 중이며 낮에는 경로당 다니신다고 함
- 아침 일찍 나가시고 20시쯤 귀가 하신다고 함	- 이장님께서 저녁에 방문 및 설명 약속
- 늦게 전화 통화됨, 다음 날 지점 방문 약속	- 다음 날 오전 일찍 자전거 타시고 통장 지참하여 지점 방문하시어 재예치
- 다음 날 내점하시어 재예치	

10.
사무실에 콩나물시루가 머선129

자사무소 우수고객님을 <고갱이고객>으로

각 기업이나 은행마다 우수고객을 칭하는 명칭은 다양하다. 특히 주요 백화점의 경우 연간 구매 금액 기준으로 우수고객(VIP) 제도를 운영해 오고 있는데, 최근에는 최상위 등급을 신설하는 등 구간을 더 세분화하는 추세다. 또한 VIP 고객을 계속 단골로 잡아 두기 위해 제도를 개편하거나 더 큰 폭의 할인 혜택을 주기도 한다.

필자는 본부 근무를 오래 하다가 2009년 승진하여 강원도 횡성 근무 시절 사례다. 주요 고객님들께 현재 하나로가족고객 등급 및 그에 따른 혜택 등을 설명드리며 레벨 업 하는 컨설팅을 해 드렸다. 이런 과정에서 흔히 우수고객 관리 시 고액 거래선 위주로 우대 정책을 펴는 경향이 많다는 아쉬운 생각이 들었다. 그래서 사무소 자체 기준을 만들어 장기간 거래하고 계시는 우수고객님만을 별도 선정했다. 거래 기간 및 거래 유형(입출식예금)을 1차 고려 요인으로 삼았다. 그리고 사물의 중심을 뜻하는 지역 친화적 명칭인 '고갱이'라는 단어를 찾아내 <고갱이고객>이라 네이밍하고 증표를 만들어 증정해 드렸다. 주민증 크기로 만들어 지갑에 소지할 수 있도록 제작했으며 지정된 창구로 오시면 별도의 우대서비스를 제공하는 제도였다.

고객 접점에서 현장감 있고 고객밀착형 서비스라 고객님들로부터 특별한 대우를 받는 기분이라는 호평과 함께 주변에 입소문이 퍼져 '나는 왜 안 만들어 주냐?'라는 피드백도 있었다.

【고갱이 고객증】
o 성　　명 : 한　　희
o 주민번호 : 709-*******
o 계좌번호 : 207-02-00
o 개 설 일 : 1981. 7. 1
농협중앙회 횡성군지부장
NH Bank ☎ 343-2812

1. 『고갱이』라 함은 '사물의 중심이 되는 부분을 비유적으로 이르는 말'로 우리 농협 횡성군지부의 우수고객을 일컫는 순수 우리말임.
2. 고객님 본인께서 본 증을 소지하시고 해당 통장으로 창구에서 금융우대서비스를 받으실 수 있습니다.
(담당: 하나로가족고객 창구)

- 주민증 크기의 코팅 처리로 지갑에 보관 가능토록 제작
- 전담자 및 전담 창구 운영
- 일부 금융서비스 우대

전통 방식으로 콩나물을 키우다

필자가 아주 어렸을 때만 해도 예금통장은 입금과 출금 내용을 수기로 기재하고 담당자가 도장을 찍어 확인해 주는 시스템으로 되어 있었다. 그야말로 '거래내역 기입장'이라고나 할까? 지금이야 계좌 원장이라는 게 전산으로 관리된다지만 그때는 계좌 개설 지점에 수기로 관리되는 원장이 별도로 있어 통장과 원장에 동시에 거래 내역을 기재하고

예금주에게 나눠 드렸다. 현재 이용하고 있는 온라인 업무는 70년대 말 일부 은행에서 일부 업무에 한정해 처음 도입되었다. 본인도 온라인 제도가 처음 등장했을 때 온라인이란 용어 자체가 무슨 의미인지 몰라 어리둥절했던 기억이 생생하다.

앞서 설명한 〈고갱이고객〉 관련 추진 사례다. 장기거래 고객을 분석해 보기 위해 당 사무소에서 개설된 자유 입출식 예금 계좌를 개설일 순으로 정리하여 검토에 들어갔다. 이때 확인 할 수 있었던 사항이 바로 81년 7월 1일에 많은 계좌가 집중적으로 개설되었더라는 점이다. 당행에서 전면적으로 온라인 업무가 도입된 시기였다. 이후 29년째 동일 계좌를 꾸준히 이용하고 계시다는 결론이고 순간 감사한 마음이 앞섰다. 30여 년간 거래하시면서 불편하신 점도 많으셨을 텐데 깊은 애정을 가지시고 한결같은 마음으로 이용하여 주신 우수고객님이셨기 때문이다. 고객 사은행사를 개최해야겠다는 의욕과 열정이 솟구쳤다. 사은행사를 기획하고 추진에 들어갔다.

먼저 81년 7월 1일 이후 신규 개설한 입출식 계좌 중 현재 활성화되고 있으며, 평균 잔액이 일정 규모 이상인 고객을 기준으로 대상을 정했다. 그리고 관외 서주 및 고령 고객 등을 제외한 상위 30명 고객을 모시기로 방침을 잡았다. 30년 가까이 거래하신 30명의 고객을 매치시켜 '30년 지기'라 정했다. 이름하여 〈30년 지기 우수고객 초청 사은행사〉를 개최하기로 행사안을 잡았다. 고객님들께 일일이 행사 내용을 전화로 설명드리고 초청장을 정식으로 발송했다. 거래 기간이 있다 보니 평균 나이가 63세였고 대부분 공직에 계시거나 계셨던 분들이 많았다.

농협 소개 영상 시청을 시작으로 감사장 및 고갱이고객증 전달, 마술 공연, 사진 촬영 등 1부 행사를 마치고 인근 오찬장으로 이동하여 2부 간담회를 가졌다. 중화요리 식당이라 약주도 한잔 올렸다. 끝나고 돌아가실 때는 관내 농가에서 생산된 제철 농산물과 필자가 직접 재배한 자연산 콩나물을 한 봉지씩 담아 사은품으로 드렸다. 애프터서비스로 콩나물 해장국의 국거리라는 덕담과 함께 말이다. 콩나물은 필자가 전통 방식으로 고향 생가에서 공수한 시루라고 하는 질그릇에다 재배한 자연산이었다. 콩나물은 햇볕을 쐬면 파랗게 자라기에 사무실 옆 그늘진 곳에 검은 천으로 덮어 놓고 수돗물은 안 되기에 아침마다 공원에서 샘물을 받아다가 정성으로 키운 것이다. 아울러 콩시루는 본 행사 시 통상 꽃 수반을 놓는 자리에 노랗게 올라온 콩나물을 화분 대용으로 활용하는 아이디어로 참석하신 고객님들로부터 참신하다는 의견과 함께 사은품으로 인기가 좋았다.

행사 내용은 본점 정보 보고 및 지역 언론 홍보를 통해 대외 이미지를 제고하는 계기를 마련했다. 본 행사를 통한 가장 큰 의의는 장기거래 고객에 대한 사은행사를 계기로 평생 고객화(락인효과)의 기틀을 마련했다는 점이다. 아울러 행사 내용은 본점 최고경영자까지 보고가 되어 이후 전국 단위로 동일 행사(20년 이상 고객)를 확산토록 문서가 시행되었다는 점이다.

▷ 행사명: 30년 지기 우수고객 초청 사은행사
▷ 개최일: 2009. 8. 19. (수)
▷ 대상 고객: 81년 7월 1일 이후 신규 개설한 입출식 계좌 중 현재 활성화되고 있으며, 평균 잔액이 일정 규모 이상인 상위 30명 고객
▷ 고객 명칭: 고갱이고객
▷ 행사 방법: 행사 내용 사전 유선 설명 및 초청장 발송
▷ 주요 행사 내용
  - 마음을 여는 마당(마술공연)
* 현직 근무 중인 인근 점포 직장 동료
  - 감사장 및 〈고갱이고객증〉 전달
  - 당행 사업소개 영상 시청
  - 오찬(인근 중식당) 및 사은품 제공(사무실 공간에서 직접 재배한 콩나물 등)

11.
서명만 오~ 노! 온전히 손 글씨라야 친서지

대인관계에서 첫인상은 매우 중요하다. 사람의 첫인상이 각인되기까지는 10초도 안 걸린다고 할 정도로 첫인상이 형성되는 건 찰나의 순간이다. 그래서 이미지 메이킹을 위해 화법, 목소리, 명함 에티켓 등을 강조한다.

그러나 디지털 기술 덕분에 편의성과 신속성이라는 이점을 얻은 대신 인간 고유의 감성은 많이 상실되었다.
식당에서 연인 또는 가족이 한 테이블에 앉아 각자 스마트폰을 보면서 식사하는 광경은 이제 낯설지도 않고 디지털 시대의 껍데기만 남은 인간관계를 잘 보여 주는 장면이다. 이런 시대에 손 편지는 삭막한 인간관계에 촉촉한 물을 공급하는 생명수 역할을 한다. 생일에 손으로 쓴 축하 카드나 쪽지라도 받으면 정성이 더 고마워 함부로 버리지도 못하고 보관해 놓고 다시 꺼내 보는 등 사람 간 정을 느낀 경험이 한두 번은 있을 것이다.

필자는 지금도 딸들이 어려서 써 준 카드를 보관하고 있다. 손 글씨는 디지털 글씨체와 달리 사람의 손길이 닿은 거라 향을 품고 있다. 글쓰신 분의 정체성과 개성 그리고 정을 고스란히 담고 있기 때문이다.

일선 현장에서 사무소장으로 근무 당시 사례다. 부임 후 주요 거래처에 대해 부임 인사장 및 당일 점주 활동이나 행사장에서 명함을 교환한 분들께는 다음 날 이내로 손 편지를 써 왔다. 신고식인 셈이다. 신임 사무소장으로서 농협에 대한 이미지 제고와 개인적으로도 좋은 인상을 남기는 데 많은 도움이 됐다. 만나 뵙게 되어 감사하다는 인사말과 함께 기존 고객님께는 지속 거래를, 신규 고객님께는 향후 NH거래를 당부하는 내용을 담은 손 편지였다. 특히 사무소장 부임 인사장은 고객님께 배달되는 게 가장 중요한 핵심인바 고객별 담당 직원을 통해 주소 정비 후 발송해야 한다는 점이다. 고객님의 이사나 근무지 변경 등에 따른 고객정보 정비 미흡으로 반송 우려가 높기 때문이다. 예상되는 문제점은 사전 보완해야 발송 취지 달성 및 예산 낭비를 제거할 수 있다는 점이다.

아울러 보통의 인사장이라 하면 본문 끝부분에 작성자의 자필 서명만을 하고 친서라고 하는 경우가 대부분이다. 2018년도 초 신임 은행장님의 부임 인사장에도 통상 관례에 따라 서명만 하는 형태로 준비 중인 것을 인지하고 전문을 친필로 작성토록 건의드려 전국 2,000여(지자체장, 주요 거래처 등) 고객님께 발송해 드렸다. 전체가 손 글씨로 작성된 인사장은 처음이라며 감사하다는 피드백을 여러 건 받으셨다고 한다. 아마도 받는 분들에게 정성과 진심이 오롯이 전해져 더 친근한 느낌으로 깊은 인상을 남길 수 있는 좋은 방법 중 하나라고 본다. 최근에는 손으로 쓰거나 그린 내용을 스마트폰에 자동으로 저장해 주는 스마트펜을 활용한 손 편지의 등장으로 아날로그 감성을 그대로 유지시키면서 디지털로 활용할 수 있어 젊은 층을 중심으로 인기를 끌고 있다 한다.

아래는 2017년 화천군지부장 시절과 2018년 은행장님 부임 인사장 사본이다.

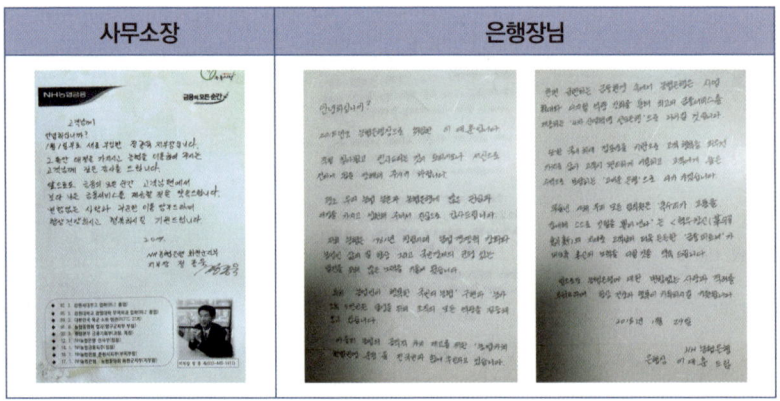

12.
소비자보호 꽃이 피었습니다

대포통장, 밤낮없이 우리가 지킨다

정보통신기술의 발전과 함께 전자통신금융사기 수법 또한 날로 고도화, 지능화, 교묘화됨에 따라 고객님의 소중한 자산을 금융사기 범죄로부터 예방할 수 있는 실질적 대책이 필요하게 되었다.

그래서 기존 9시부터 23시까지(월~토) 운영되던 대포통장 의심계좌 모니터링시스템 운영시간을 은행권 최초로 연중(일요일 포함) 24시간 모니터링 체계를 도입했다. 이를 통해 보이스피싱 금융사기 피해 사각지대 해소 및 정부의 보이스피싱 척결 정책에도 적극적으로 호응하는 등 사회적 책임을 이행하는 기틀을 마련했다.

아울러 추석 명절을 앞두고는 서울시청 앞 광장과 국회 소통관 앞에서 전자통신금융사기 피해 예방을 위해 〈보이스피싱 제로〉 가두캠페인을 펼쳤다. 부서 직원 일동은 택배, 명절 이벤트, 모바일 상품권 등을 사칭한 악성앱 설치, 피싱사이트 접속 유도 등 날로 교묘해지는 보이스피싱 사례와 대응 요령이 담긴 안내장을 배부하며 유의 사항을 설명했다. 한편, 24시간 의심계좌 모니터링 체계 운영과 캠페인 소식은 일간지 지면광고 및 홍보를 통해 금융소비자보호에 앞장서는 당행의 선도적 역할 이미지를 제고시켰다.

은행권 최초 <금융소비자보호 연도대상> 신설

2022년 1년간 소비자보호 업무를 총괄하며 본부와 일선 현장의 많은 직원분들이 정부 정책 수행 및 금융소비자의 권익 증진과 재산 보호를 위해 여러모로 고생이 많다는 것을 느꼈다. 따라서 금융소비자보호의 중요성에 대한 전 임직원의 인식 개선 및 관심도 제고를 위한 목적으로 <금융소비자보호 연도대상> 제도를 신설했다. 그동안 은행권에서 보험, 카드 등 마케팅 부문에서의 연도대상은 개최되고 있었으나 금융소비자보호 부문에서의 연도대상은 2023년 초 은행권 최초로 도입했다.

본 제도는 금융소비자의 소중한 자산을 보호하고 권익 증진에 기여한 우수 직원들을 격려하고 사기 진작을 도모하기 위한 행사다. 전년도 1년간 금융소비자보호 종합, 민원 예방, 금융사기 예방, 슈퍼맵시스타(CS), 미스터리쇼핑, 소비자보호 제도 개선 부문으로 나눠 우수한 업적을 거둔 사무소와 개인에 대한 표창과 시상금을 전달하는 제도이다. 특히 우수 제안 고객을 초청하여 상패와 시상금을 전달하는 등 고객참여형 금융소비자보호 실천으로 고객중심 경영에 앞장서는 계기를 마련했다.

금융소비자보호 연도대상 행사 이미지(2022~2023년)

<금융소비자보호 헌장> 리뉴얼 및 선포

21년 3월 25일 금융소비자보호법(금소법)이 시행된 이후, 이전에 선포되어 운영 중이던 헌장과 강령 대신 금차 신설된 금소법 및 소비자보호 순수 의지 등을 반영하여 기존보다 발전된 헌장으로 리뉴얼을 진행했다.

임직원 누구나(Anybody), 언제나(Anytime), 어디서나(Anywhere), 무엇이든(Anything) 금융소비자의 권익 제고를 최우선 가치로 삼고, 금융소비자로부터 신뢰받는 은행, 먼저 찾고 싶은 은행을 만들고자 최선을 다해 적극 실천하겠다는 다짐이다. 주요 내용으로는 금융인으로서 전문역량을 함양하고 혁신하겠다는 의지를 필두로 하여 금소법 6대 판매원칙 등 준수 의지, CEO의 지속가능한 성장을 위한 실천사항 그리고 임직원의 금융소비자보호 권익 제고 의지 및 고객 경험 반영 등을 담았다.

CEO의 '경영목표 달성을 위한 현장경영' 시 일선 사무소장과 함께하는 〈금융소비자보호 헌장〉 선포식 행사를 진행했다. 또한 본점에서는 CCO와 부서 직원이 참여하여 출근하는 임직원을 대상으로 헌장 실천 내용을 담은 안내장을 배부하는 캠페인을 개최했다.

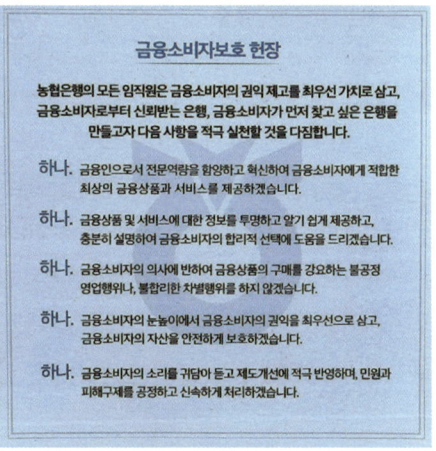

〈금융소비자보호 헌장〉 선포식 언론 기사 및 내용

CS 〈MAPSI〉 개념 재정립

〈금융소비자보호 헌장〉 선포 이후 후속 조치로 CS의 개념을 재정립했다. 기존 MAPSI[4] 의미가 다소 추상적인 내용을 담고 있어 新 헌장 내용을 융합시키고 보다 구체적이고 전문성을 부여한 개념으로 재탄생했다.

앞서 〈고객 서비스(CS) 개념의 인식 대전환, K-CS〉 절에서 CS를 고객 감동을 넘어 소비자보호로 확대하여 재정의한 바 있다. 이어서 〈우리의 살길은 S·I·L·K 로드〉 절에서는 민원의 최대 유발 요인이 '업무 미숙'이라는 심층분석 결과 소비자보호를 위해 업무 전문성 강화가 최우선이라는 의미로 S·I·L·K 로드의 S를 '공부하자(Study)'는 뜻에서 첫 이니셜로 정했다. 또한 〈금융소비자보호 헌장〉 제1조에서도 금융인으로서의 전문역량 함양을 강조했다. 이러한 맥락에서 실행 단계인 창구에서의 〈MAPSI〉 업무 또한 기존 막연하고 추상적 의미의 서비스를 뜻하는 단어에서 탈피하여 소비자보호 업무와 연결되는 실질적인 단어로 재구성했다. 첫 번째 역시 금융전문가로 거듭나야 한다는 의미에서 M을 Master로 강조했다.

---

4) MAPSI: '아름답고 보기 좋은 모양새'라는 뜻을 가진 우리말 '맵시'에서 유래된 것으로 농협 CS 업무 고유 브랜드.

구분	기존		재정의	비고
M	Meaningful (의미 있는)	**M**aster (전문가)	업무 전문성을 함양하여 최상의 금융서비스 제공	현장1조
A	Attractive (매력적인)	**A**ssist (도우미)	정확한 정보제공으로 소비자의 합리적 선택 도움	현장2조
P	Perfect (완벽한)	**P**rinciple (원칙준수)	금소법 6대 판매 원칙을 준수한 금융상품 판매	현장3조
S	Special (특별한)	**S**afeguard (보호)	금융소비자의 권익 및 자산 보호(protection)	현장4조
I	Impressive (인상적인)	**I**mprovement (개선)	고객니즈 VOC를 적극 반영한 제도 개선	현장5조

소비자보호를 위한 경보발령 체계 확립

기존 운영되던 민원 발생경보의 경우 민원 부문에 한정, 주관적 판단 요소, 지속적 관리나 후속 조치 미흡 등의 한계를 가지고 있어 이를 보완하여 소비자보호 업무가 시대적 사명이라는 가치를 반영하여 경보발령 체계를 확대 개편했다.

먼저 경보단계(정상, 관심, 경계, 심각)별 발령 기준 및 해제 기준을 구체적이고 명료하게 설정했다. 민원 발생빈도, 연속성, 심각성 등 객관적 기준을 반영한 정량적 기준과 정부 정책 변경, 언론보도, 대외적 신뢰 위기 등 정성적 기준으로 구분했다. 가령 시장의 기준금리 변동, 금융당국의 정책 변경 시 사회에 미치는 영향 등을 면밀히 주시하고 분석하여 사전적으로 경보를 발령했다. 이를 통해 집단 민원 및 중·반복 민원의 사전 예방 또는 대처 기반을 제공했다.

그리고 소비자보호경보 알림판은 금융소비자보호시스템 및 은행VOC시스템(민원) 초기 화면에 게시하여 관련 부서와 일선 현장에서의 접근성을 개선했다.

소비자보호경보 알림판

특히 경보단계를 직관적으로 쉽게 인지할 수 있도록 표시하고 위험 단계별 유기적인 정보공유 및 모니터링 강화로 사후 관리에 만전을 기할 수 있었다.

열린생각 ON

IV

창(創)하고는 친하게

– 친구 따라라도 강남 한번 가 보자

아이디어는 생각의 열매

1.
궁하면 통한다, 도전하라

   세계적인 자동차그룹 현대차의 쏘나타가 85년 생산 이후 39년째 우리나라의 단일 승용차 브랜드 중 가장 오랫동안 명실공히 대한민국 대표 승용차로 불리고 있다. 이같이 큰 인기를 끌 수 있는 것은 소비자의 호감을 사는 아름다운 디자인을 앞세운 성능 우수한 신차 개발에 있다고 분석한다. 마찬가지로 2,500여 곡 이상의 노래를 발표한 살아 있는 전설 이미지 가수도 다양한 색깔의 곡으로 끊임없이 변화와 도전을 거듭한 결과 대중들의 마음속에 자리 잡을 수 있었다. 한두 곡으로 반짝하고 사라지는 가수들이 얼마나 많은가?

   이번 제4장에서는 위 두 사례에서 주는 교훈과 같이 필자가 새로워지고 살아남기 위해 노력했던 순간들을 모아 소개해 보려고 한다. 직장이나 사회생활 속 언제 어디서든 변화시킬 수 있는 차이라면 바꾸려고 노력했다. 물론 그 씨앗 모두에서 만족스러울 만한 결과물을 만들어 낼 수는 없었다. 하지만 때로는 책임감으로 때로는 열정만으로 도전했다. 농부가 날짐승들이 씨앗을 파헤쳐 먹거나 가뭄이 심하면 발아 자체가 어렵고 새싹이 나더라도 환경이 고르지 못하면 망가지기 일쑤라는 자연의 이치를 잘 알고 있음에도 계절이 되면 파종하듯 필자도 자신과 타협하지 않았다. 파종을 한 번 더 하거나 품종을 바꿔가며 진심과 성심을 다해 두드렸다. 오래된 것들을 새롭게 하지 않으면 마케팅이 아니라 '막해팅(대충 막 한다는 뜻)'이 될 수 있다는 강한 신념이 이런 도전을 가능케 했다고 본다. 목마른 자가 우물을 판다는 말이 있다.

먼저 눈과 귀와 마음을 열고 생활했다. 관찰된 현상이나 주장에 대해 호기심으로 질문하고 가치를 부여했다. 그리고 정리된 정보는 마음속 카테고리를 만들어 저장했다. 그리고 어떤 이슈나 프로젝트 발생 시 저장되어 있는 그 자료들을 소환시켜 연결했다. 그리고 반복된 연습과 검증을 통해 공감대 형성과 결과를 도출해 내는 과정을 걸쳤다. 이 과정에서 가장 중요하게 여긴 것은 내 업무는 내가 책임지고 해결하겠다는 간절함, 바로 강한 의지와 열정이 한몫했다.

지난 가을에 인기리에 종영된 드라마 〈굿파트너〉 내용 중 후배가 선배 변호사에게 자신의 진로에 대해 조언을 구하는 장면에서 선배 왈 "정답은 한번 자신만 알고 있는 거 알지?"라는 대사가 있다. 귀에 쏙 들어왔다. 즉 팽이가 멈추지 않기 위해 몸을 던져 살신성인하듯 자기계발, 열린 마음가짐, 긍정적인 태도, 간절함 그리고 다양한 사람들과의 협업을 통해 아이디어를 공유하고 발전시키는 것이 창의적인 업무 처리에 도움이 된다고 본다.

분야	내용	이미지(제목)	비고
CI	농협금융 대표 이미지	금융의 모든 순간	◦ '금융을 繡놓다' 응모 (당시 금융지주 담당 팀장)
CI	사회공헌	N눔과 채움	◦ 네이밍 작명 (NH이니셜을 한글화하여 친근하고 따뜻한 이미지 표현) ◦ 농협금융 사회공헌 백서 발간
HR	농협금융 계열사별 우수직원 선발 표창	농협금융인像	◦ 네이밍 작명 (일반 賞이 아닌 본보기로 삼을 만한 형상이라는 의미)
상품	농협금융 대표투자상품	Allset	◦ 'UpGo펀드' 응모 (고객 수익률은 올리고 농협은 지속 성장하자는 의미)
앱	정보공유방	農心 UP go 고객安go 농협은행 2018	◦ 네이밍 작명 (당시 범농협 '농가소득 5천만 원 달성' 운동과 고객중심의 은행 경영 연계)
BI	모바일인증	NH OnePASS 로그인 >	◦ 네이밍 작명 (NH스마트뱅킹고객이면 농협 모든 계열사 및 제휴기관 자동 로그인시스템) * BM특허 획득
BI	소비자보호	K-CS	◦ 신조어 창시 (CS 개념을 고객 만족, 고객 감동을 넘어 소비자보호(CS)로 확대)

'금융의 모든 순간' 때문에 지옥에서 천당으로 두 경험을

    2015년 농협금융 출범 4년 차를 맞이하여 금융그룹 차원의 CI 제작이라는 대과업에 착수했다. 담당 팀장으로 작업을 이끌었다. 필자는 의견 수렴 단계에서 '금융을 수놓다'라는 작품을 출품하기도 했다. '수놓다'는 수를 중의적으로 표현해서 브랜드의 정체성을 드러내고 싶었다. 전통적 의미로 수(繡)를 놓겠다는 의미와 숫자로는 브랜드 가치와 자산 규모 순위를 증대시키자는 의미를 두었다. 외부 업체 컨설팅 및 공모 과정 등을 거쳐 순조롭게 진행되어 최종적으로 "금융의 모든 순간"이라는 슬로건이 선정되었다.

    이처럼 CI 제작 과정에 참여는 했으나 필자가 출품한 아이디어가 최종 선정된 것은 아니었기에 이 글에서는 탄생하는 과정에서의 에피소드 몇 가지를 소개할까 한다. 먼저 CI 론칭과 동시에 대대적인 광고를 위해 방송용 광고영상을 촬영하게 되었다. 이 과정에서 광고계의 색다른 경험을 하게 된 얘기다. 광고물 제작 시 광고의 주목률을 높이기 위해 3B를 고려해 광고 메시지를 제작해야 한다는 것이다. 바로 Beauty(미인), Beast(동물), Baby(아기)이다. 또한 광고 촬영 현장에 광고주가 광고의 대박과 출연 배우 및 제작진들께 감사의 마음과 격려하기 위해 커피 등을 준비해서 방문해야 한다는 광고업계의 관례를 알게 된 점이다.

    또 하나는 광고물 촬영 후 시연회를 하는 과성에서의 일이다. 증권 부분을 소개하는 영상 속 여성 모델이 고객님을 대상으로 프레젠테이

션을 하는 모습이 담겨 있었다. 그런데 통상 뉴스 진행자나 전문 강사분들의 경우 이미지 메이킹 등의 사유로 머리를 단정하게 묶는 경우가 많은데 등까지 내려오는 헤어스타일이었다. 이 부분에 대해 필자가 의견을 질의했더니 '배우분과 상의 후 수정하겠다'라 하였다. 며칠 후 모델분이 단정하게 정리하고 재촬영하였다. 인물보다는 광고 메시지에 집중할 수 있도록 업그레이드되었다는 호평이 있었다.

다른 하나는 앞서 잠시 서술되었지만 16년 1월 초 론칭 행사를 준비하는 과정에서의 뒷얘기다. CI 선포 행사를 앞두고 진행자 전원이 참여하는 리허설을 했다. 사회자가 '새로운 CI입니다' 하고 외치면 폭죽과 함께 무대 상단에서 백드롭 현수막이 낙하되면서 신CI가 공개되는 퍼포먼스였다. 그런데 리허설 때 장비 점검 차원에서 떨어지는 시스템만 서너 차례 점검했지 현수막 내용에 오류가 있으리라고는 어느 누구도 의심하지 않았다.

"돌다리도 두들겨 보고 건너라"라는 속담을 새기며 그해 승진 대상자였던 팀장인 필자와 실무 차장은 무사히 2주 후 승진자 명단에 이름을 올렸고 각각 지점장과 팀장으로 이동할 수 있게 되었다. 어쩌면 집착스럽다고 느낄 정도의 꼼꼼한 확인이 없었다면 둘 다 승진자 명단에서 누락되었을 수도 있었겠다 싶다.

통계에 의하면 '집착이 적은 남자는 여성에게 인기가 좋다'라고 한다. '어느 정도 집착은 하나 너무 고집스럽지 않은 남자를 좋아한다'라는 것인데 필자는 그날 '업무는 집착해야 한다'는 정말 중요한 교훈을 배웠고 행운의 남자였다.

'나눔과 채움'은 필자의 진심이 만들어 낸 작품

다음은 농협금융 출범 이후 최초로 《사회공헌 백서》를 발간하는 과정에서의 일화다. 평소 사회공헌에 대한 이론과 관심이 많은 편이라 23년 말 퇴직하고 1월 2일부터 두 달간 복지센터에서의 봉사활동으로 인생 2막의 첫 장을 열기도 했다. 백서 발간도 2015년 실화다. 콘텐츠는 금융계열사별로 멋진 활동 사진과 스토리를 바탕으로 진행되었다. 마지막으로 표지를 어떻게 꾸밀 것인가였다. 창의적인 디자인을 고민했다. 회사명을 살리면서도 사회공헌 이미지에 적합하고 대중적인 표현을 담아내고자 했다. 그 결과 NH 이니셜을 활용한 '나눔과 채움'을 고안하게 되었다. 영어와 한글이 멋지게 조화를 이룬 표현이었다는 평가다. 평소 사회공헌에 대해 가지고 있던 공감 부분이 소환되어 백서 내용과 어울려 창작된 생각과 열정의 열매라고 생각이 든다.

기본 로고	
사회공헌 백서('15)	

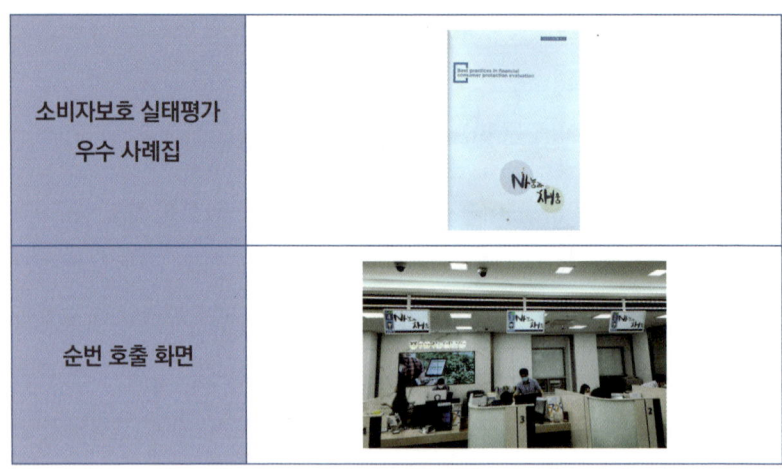

단순한 표창이 아닌 모범과 본보기로 삼을 영예를 담아

뉴욕을 가장 대표하는 랜드마크이자 미국 '아메리칸드림'의 상징 그러면 맨해튼에 있는 '자유의 여신상(Statue of Liberty)'을 꼽는다. 이때 여신상의 상은 한자로 '像'을 사용하고 있다. '가장 바람직한 모습', '모범', '본보기'의 뜻을 나타내는 말이다. 예를 들어 '우리 시대의 교사상', '어머니상' 할 때도 이와 같이 사용한다.

그러나 통상 우리가 알고 있는 표창으로 상을 언급할 때는 이 상(賞)을 쓴다. 하지만 농협금융 출범 이후 2013년 최초로 신설된 '농협금융인상'의 경우 도입 취지와 영예에 걸맞고 표창의 위상을 높이기 위해 일반 상(賞)이 아닌 상(像) 자를 사용하기로 방침을 정했다. 바로 '농협금융인像'제도가 출범한 것이다. 신생 금융지주사로서 시장경쟁력 제고를 목표로 열심히 일하는 농협금융 소속 계열사 직원의 사기 진작을 위해 시상하는 최고의 표창으로 자리 잡을 수 있었다.

K-CS라는 신조어를 만들어 널리 알리다

우리나라의 많은 콘텐츠에서 맨 앞에 'K'를 붙이는 사례가 성행하고 있다. 대한민국의 영문 명칭인 Korea에서 첫 글자 K를 따 한국산, 한국식임을 뜻하는 약자다. K-1, K팝, K푸드, K드라마, K컬처, K뷰티 등등…. K-CS 의미에 대해서는 전술하였는바 여기에서는 이와 관련 에피소드를 소개한다. 23년 초 신조어를 만들어 내부 자료나 보도자료 내용에 포함하여 노출하였으며 사내 CS 강의 내용을 통해 유래 및 마인드 재정립을 위해 노력했다. 심지어는 특허 등록이 가능한지를 특허청에 근무하셨던 선배에게 전화로 자문한 적도 있다. 결과는 특허라는 것은 최초로 발명을 한 사람에게 일정 기간 독점적으로 이용할 수 있는 권리를 주는 것으로, 이 경우에는 신조어를 널리 알려 신개념으로 정립하자는 것이라면 창시자 명의로 언론 등에 자주 노출하여 선점하는 것이 중요하다는 답변을 받기도 했다.

위 사례 모두 필자가 담당하던 업무들이다. 따라서 여기서 강조하고 싶은 것은 모든 현안은 담당자가 가장 많이 알고 있어야 한다는 것이다. 그런 가운데 그 담당자가 얼마나 깊이 생각하고 고민하고 궁리했느냐에 따라 좋은 결과물을 얻을 수 있다는 점이다. 바로 답은 유일하게 당신의 머리 안에만 존재한다는 것이다. 뇌를 괴롭히자. 그리고 간절함을 입히자. 깊이 생각하면 할수록 '뇌'는 즐겁게 춤을 춘다. 그 결과 새로운 세상이 열리고 미래가 보이는 것이다.

2.
'나'라는 브랜드를 만들어라

대국민 브랜드 공모전 참여

국내 대형 언론사가 창립하여 모든 콘테스트(올콘) 정보를 제공하는 전문 포털사이트가 있다. 자사는 물론 국내외 다양한 기업과 기관들이 주최하는 공모전이나 대외 활동 정보를 확인할 수 있는 사이트이다.

이 사이트를 알게 된 계기는 큰딸의 소개 덕분이다. 평소 아빠가 아이디어라든가 공모에 관심이 많다는 것을 알고 있기에 사이트 운영 목적에 맞겠다는 생각에 정보를 공유해 준 것이다. 그러나 필자는 공모 자체보다는 나의 포지셔닝을 찾고 만들어 가는 과정에서 도전하고 있는 것이다. 더 좋은 제품이 시장에서 통하는 것이 아니라 더 좋은 브랜딩을 내세우는 제품이 이기는 세상이라는 이치를 터득했기 때문이다. 노력만으로 되는 세상이 아니라 자신을 대표할 수 있는 브랜딩이 있어야 성공할 수 있다. 따라서 정년퇴직 후 누군가를 만날 때 과거형으로 '어디 근무했던 ○○○'보다는 현재형으로 '이런 부분에 최적화되어 도움을 줄 수 있는 ○○○'라는 나 자신을 브랜딩하기로 전략을 세웠다. 개인 브랜드 만들기에 도전했다.

그러자 평소 생활 속에서 가볍게 지나치던 일들도 눈에 들어오기 시작했다. 모든 일상이 그림 도화지이고 관찰 대상이 되었다. 관심 있는 분야의 경우 메모를 하고 나중에 모아서 글로 남겼다. 간혹 공모전에 응모도 하고 말이다. 몇 차례 공모를 통해 느낀 점은 공모 주체 기관의 정확한 의도나 방향 등을 충분히 숙지하고 접근해야겠다는 결론이다. 가령 글자 수, 영어 가능 여부, 지명 포함 여부, 새 이름인지 아니면 단순 네이밍 공모인지 등등. 서울 안심소득의 경우 새 이름 공모인데 필자는 네이밍으로 접근했다는 생각이 들었다.

기관명	공모명	포스터
경기도	경기북부특별자치도 새 이름	
포천시	포천시 농특산물 통합브랜드명	
서울특별시	서울 안심소득[5] 새 이름	

---

[5] 2022년부터 서울시에서 시범사업으로 추진 중인 새로운 복지시스템으로 기준소득 대비 부족한 가계 소득의 일정 비율을 채워 줌으로써 소득이 적을수록 더 많이 채워 주는 새로운 소득 보장 모형.

기관명	공모명	의미	최종 당선작
경기도	평화 특별자치도	21세기 통일을 앞두고 분단의 상징인 판문점과 비무장지대(DMZ) 등을 품은 한반도의 중심이자 세계 평화를 선도하는 자치단체라는 의미	평화누리 특별자치도
포천시	- 사시사철 - 포그린 (Four Green) - 포에버 (Four Ever)	포천의 '포'를 4(Four)로 해석하고 사시사철 푸르고 신선하며 건강한 포천의 농특산물을 영원히 생산한다는 의미	포천뜰애
서울특별시	서울시소 (행복시소)	무게와 거리의 관계(지레원리)를 이용하여 올라갔다 내려갔다 하면서 함께 즐기는 시소처럼 서울시와 서울시민 모두가 참여하여 나눠 주고 채워 가며 함께 행복한 세상을 지향한다는 의미	디딤돌소득

외부 기업체 상품 브랜드 제안

국내 △△그룹의 경우 한국기업임에도 불구하고 일본기업으로 인식하고 계시는 국민이 많다는 점에 착안하여 순수 한글식 브랜드 출시로 이미지 개선 및 스토리텔링을 통한 마케팅에 도움을 드리고자 내용증명 우편으로 제안서를 발송했다(2017. 7. 19.).

주목했던 부분은 기존 한글식 표기로 되어 있는 〈가나(Ghana)〉 브랜드에 이어 '다라', '마바'라는 자매품 또는 시리즈 형태로 신상품 론칭 및 이벤트로 프로모션 시 브랜드의 참신성과 확장성에 힘입어 매출 신장에 크게 기여할 수 있겠다고 판단되었다. 출시 시기도 10월 9일 한글날 전후가 좋겠다는 메시지를 포함했다. 그러나 10일 정도 경과 후 '마케팅실'이라며 전화가 왔다. '제안 내용 잘 받았고 감사하다'라며 상황은 종료되었다. 이후 변리사와 상담을 통해 브랜드 등록을 추진하기도 하였으나 시제품이 필수적으로 있어야 하고 정기적으로 갱신 등이 필요하다고 하여 식품업체가 아닌 이상 제반 여건상 한계로 빛바랜 아이디어로 남아 있게 되었다.

신상품	내용
다라	'달다'라는 어원의 의미로 초콜릿 또는 초코우유 출시
마바	건강식품으로 각광받고 있는 '마*'성분을 가미하여 '바' 형태의 제품 출시

* 마: 한약재로도 사용되며 고구마처럼 생김. 식이섬유 성분이 다량 함유되어 있어 소화를 돕고 혈당 수치 개선, 면역력 증진 개선, 혈류 개선 작용 등 효과.

또 한 사례는 주 업종이 음료, 유가공 식품 등을 제조하는 중견기업이었다. 자사 브랜드 제품 생산은 물론 국내외 유수 식품 회사에 OEM/ODM 방식으로 매출액이 매년 크게 성장해 나가고 있는 기업을 위한 제안이었다. 대표님 이름 이니셜인 O.D.K.를 활용한 '오득오득'이라는 견과류 브랜드명이다. 한편 온라인 쇼핑몰 네이밍을 '맛있게'로 재해석해서 활용해 보면 좋겠다는 아이디어였다.

견과류 식품	온라인 쇼핑몰
ODK(오득오득)	◦ 맛있게(Mart Eat Get) → 먹거리(eat)를 구하는(get) 마트(mart)

디스코 안무를 'This코'로 해 보세요

  종편방송사의 〈현역가왕〉 프로그램에서 트로트 가수 강혜연 님이 신곡 미션으로 〈디스코〉라는 신곡을 부르는 방송(24. 1. 31.)을 시청했다. 그런데 노래 제목에서도 느낄 수 있듯 리듬과 안무가 무척 빠르고 경쾌하여 시청하면서 떠오르는 영감이 있었다.

  기존 안무 중 손가락으로 하늘을 찌르며 '디스코♬'라고 하는 부분이 있다. 이 부분에서 코믹스럽게 손으로 코(👃[6])를 가리키며 'This코'라고 부르는 안무 동작은 어떨지? 하는 의견을 2월 초 신곡 영상 댓글에 남겼다.

  이후 곧바로 모니터링은 하지 못했지만 한 달여 후인 3월 3일 SNS를 검색해 보니 '쇼츠' 영상으로 제작되어 유튜브 채널에 업로드되어 있었다. 신기했다. 만약 필자의 의견이 반영된 작품이라면 대박이었다.

---

6) 이것은 코다 = 디스코
    이것은 코가 아니다 = 이코노
    이것은 다시 코다 = 도루코
    이것은 미친 코다 = 싸이코

제의	쇼츠 영상	피드백
24. 3. 3. 기준 1개월 전 글	This코 쇼츠 장면	24. 3. 3. 확인 기타 댓글
- 디스코 안무 중 엔딩 부분에 코믹 요소를 가미하여 한 손으로 코를 가리키며 'This코'라고 해 보세요.	강혜연의 디스코 DISCO! 디스 👃	-안무에 This코를 포함해 주셨네요. 〈다른 댓글 반응〉 - 아재개그 묻었다 디스코=디스👃ㅋㅋㅋㅋ - 이거슨 👃 = 디스코 ㅋㅋㅋㅋㅋㅋㅋ - 공식 코 수술 로고송. 성형외과협회 보고 있나?

* 혹시 기획사 자체 아이디어로 제작된 쇼츠 영상일 수도 있음.

창(創)하고는 친하게 189

3.
이름 석 자 적힌 종이는 있어야

　23년 12월 31일. 32년 이상 몸담았던 직장을 졸업했다. 그리고 이듬해 1월 2일 첫 대외 일정으로 봉사활동을 계획하고 봉사장에 도착했다. 필자 소개를 하려는데 '내 이름 석 자 적힌 종이' 한 장 없어 구두로 인사하며 필자를 소개한 경험이 있다. 갑자기 초라하게 느껴졌다. 현대인들은 명함을 통해 상대방에게 자신의 첫인상을 전하곤 한다. 명함에 사진까지 멋지게 박혀 있진 않더라도 명함은 또 하나의 나요 얼굴이다. 그렇게 봉사활동으로 두 달의 시간이 흐르고 3월 초가 되어 인생 2막에 대한 구체적인 플랜을 짜야겠다는 생각이 들었다. 참으로 어리석고 못난 사람이라는 생각이 문득 스쳤다. 왜 이제야 이런 생각을 할까?

　제일 먼저 한 일이 명함을 만드는 프로젝트였다. 퇴직은 했더라도 내 자존감과 당당함을 담은 명함 정도는 있어야겠다는 생각을 하게 된 것이다. 그러면서 이런 글도 써 보겠다는 용기를 낼 수 있었다. 바로 문구점에 들러 중고등학교 시절 영어단어 써 가며 외울 때나 수학 문제 풀 때 사용하던 두꺼운 연습장을 장만했다. 그리고 그 위에 뭔가를 긁적거려 보았다. 내 인생을 설계하는 느낌이었다. 기둥도 세워 보고 서까래도 얹어 보았다. 요즘 1인 미디어 또는 기획사 등 1인 기업이 유행이듯 나만의 사업자명 및 CI까지도 포함된 그럴싸한 명함을 만들어 보기로 작심했다.

평소 뭔가에 몰입하여 창작의 고통과 성취감을 느꼈던 경험이 많아 어렵지 않게 나만의 명함을 구상해 낼 수 있었다. 먼저 사업자명은 이 책을 준비하며 큰 주제라 할 수 있는 '열린 마음과 긍정적 태도로 자기계발을 연구하는 전문가가 되자'라는 의미를 담아 〈열린생각연구소〉라고 결정했다. 인터넷 서핑을 해 봐도 다행히 검색되는 것은 없었다. 물론 비슷한 명칭은 있었다. 그러나 혹시 동일한 명칭이 있더라도 제약요인은 아니겠다 싶었다. 전화번호에 이메일 그리고 대표 이름까지 동일한 사례는 없을 터이니 말이다.

로고도 고민했다. 마침 2022년 말부터 '아세요?'[7]라는 화두를 활용한 소비자보호 CI를 만들려고 추진하다가 여건이 녹록지 않아 접어 둔 아이디어가 있어 사용하기로 했다. 개방형 질문형인 '아세요'의 이니셜인 'ㅇㅅㅇ'을 한 글자로 줄이면 '앙'으로 읽을 수 있었다. '앙'은 한문으로 치면 가운데를 뜻하는 앙(央)이다. 농협중앙회의 '앙'이기도 하다. 둘째로 앙(un)은 프랑스어로 영어의 one에 해당하는 단어이다. No.1이나. 앞서 사물의 중심을 뜻하는 '고갱이'라는 단어를 언급한 바와 같이 어느 한쪽으로도 치우치지 않은 중심적 사고와 열린 마음으로 최고(one)를 지향하자는 의미를 담았다. 열린생각연구소의 이니셜과도 일치한다. 가운데와 최고라는 두 개의 의미를 함축시킨 로고와 '열린생각연구소'라는 브랜드가 짝을 이뤄 멋진 CI가 탄생하게 되었다.

---

7) 예시: 아세요(ㅇㅅㅇ)? 이제는 소비자보호가 우선이라는 걸?

사진은 항상 스스로에게 옳고 바른 길로 살아갈 수 있도록 채찍하고, 자신감 있고 당당하게 새로운 길을 시작하자는 의미로 건강한 국가관과 젊음의 상징인 군복을 착용한 캐리커처 그림을 사용했다.

- '아세요?'의 이니셜 'ㅇㅅㅇ'은 '앙'을 상징. 한자로 가운데(央)를 프랑스어로 un(앙)은 영어의 one을 의미.
  - 아이디어는 생각 꺼내기 연습이 1등이라는 걸 / 아이디어는 생각의 열매라는 걸
  - 아세요? 생각이 어머니라는 걸 / 아이디어는 생각의 아들이라는 걸
  - 앞 ㅇ은 청색, ㅅ은 검정색, ㅇ은 붉은색
- 〈열린〉〈생각〉〈연구〉 세 자를 융합하는 의미하는 감싸도록 테두리 처리
- 앞 ㅇ은 〈열린〉을 상징하는 의미에서 ㅇ의 윗부분 개방, 열매는 붉은색에서 신선한 녹색을 가미
- 열매는 '아이디어는 생각의 열매'라는 의미에서 생각의 'ㅅ' 줄기에 매달리도록 도안

4.
완전정복 참고서를 발간하다

본점 등 후선 관리부서의 주요 업무 중 하나는 고객님 또는 마케팅 현장에서의 불편함이 없도록 제도를 개선하는 등 업무를 효율적으로 지도하는 것이다. 특히 신상품 등 신규 업무 또는 신사업 도입 시 특히 주의를 기울여야 한다. 지도 문서가 많다 보니 정작 문서 구독이 필요한 현장에서 지도 문서를 놓치는 경우가 적지 않기 때문이다. 물론 업무 전문성을 높이기 위해서는 문서열람률을 높여야 하는 것도 시급히 개선되어야 할 점이지만 시간이 지나면 문서를 찾기 어려운 점도 극복해야 할 과제였다.

이렇다 보니 본부에서는 주요 질문 사항 위주로 주기적인 '질의문답(Q&A)' 문서나 심지어는 필독 문서라고 강조하여 경쟁적으로 문서를 시행하게 된다. 그것으로 임무를 다했다고 생각할 수는 없다. 마찬가지로 현장에서는 문서 찾기도 힘들고 시간이 없다는 이유로 급한 마음에 본부로 전화 문의가 반복되고 있어 근본적인 해결책이 되질 못했다. 문서 생성의 비효율성 개선은 물론 학습으로 이어져 대고객 금융서비스 품질을 향상시킬 수 있는 적절한 해결 방안을 고민했다.

그 해결책으로 고안된 아이디어가 '질의응답 모음집' 제작이다. 담당자별 주요 핵심 업무와 일선에서 자주 질의하는 내용을 중심으로 문답 형태의 책자로 발행한 것이다. 실무 차·과장별 문답 항목을 취합 결과 300여 문항이 도출되었다. 좀 더 꼼꼼히 챙겨 1년 365일 완전한 금융 서비스를 제공한다는 의미로 365개 문항으로 작성하게 되었다. 그렇게 해서 《완전정복 365 참고서》가 발간되었다. 책자 중간중간에는 관련 언론보도 기사 또는 '쉬어 가는 유머 코너'도 삽입하여 완성도 및 흥미를 더했다. 결과물은 일선 지점별로 두 권씩 배부했다.

'완전정복'이라는 이름의 아이디어는 80년대 유명 참고서 시리즈인 《완전정복》 참고서 시리즈에서 영감을 얻었다.

80년대 《완전정복》 참고서 시리즈(동아출판)

현장에서는 책자를 주변에 비치해 놓고 필요시 쉽게 활용할 수 있어 업무 효율성 제고에 도움이 되었다. 한편 본부에서는 지도 문서 시행과 전화 문의 횟수를 감축시키는 효과를 기대할 수 있게 되었다. 익년도에는 부서 전 업무로 확대하여 종합선물 세트 개념의 질의응답서가 발간되는 시금석이 되기도 했다.

 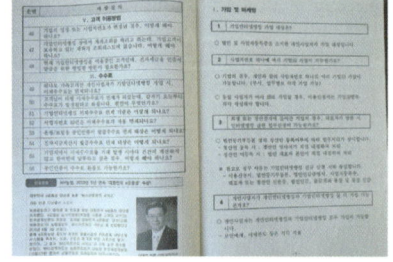

《기업e금융 완전정복 365 질의응답집》

5.
'네 컷 만화'로 본 어느 청년 사업가의 이야기

20여 년 전만 해도 동네 골목에서 전자오락실, 비디오 대여점, 만화방, 도서 대여점 중 한두 개는 흔하게 찾아 볼 수 있었을 것이다. 그러나 2000년대 이후 케이블방송의 본격적 보급과 인터넷 기술 발달로 게임 어플이나 OTT 서비스가 기존 문화를 대체해 버렸다. 특히 만화방과 도서 대여점의 경우 만화 카페로 재탄생하기도 하였으나 예전만 못하고 24시간 만화방으로 영업하는 곳마저 만화가 주가 아니라 잠만 자고 가는 층을 타깃으로 하고 있는 곳도 꽤 있다.

우리나라 만화의 역사는 1920년대 일간지에 연재하는 형태로 시작되었다 한다. 만화는 글과 그림 두 장르를 융합한 종합예술로 2000년대에 들어서는 디지털플랫폼으로 넘어가 웹툰 형식으로 발전하여 다양한 연령층과 무화에 맞춘 콘텐츠를 제공하게 되었다. 특히 시사, 개그 형태의 1컷 만평이나 네 컷 만화의 경우 현재도 일간지에 연재 중이다. 잘 알려진 네 컷 만화로는 김성환 작가의 시사 풍자만화 〈고바우 영감〉이 있었다. 고바우 영감이 처음 등장한 것은 1950년 12월 《만화신보》를 시작으로 하여 몇 개 신문사와 잡지사를 거쳐 연재해 오다가, 공식적으로는 1955년 2월 1일 동아일보에서 첫 회를 시작으로 조선일

보와 문화일보로 자리를 옮기며 45년 동안 1만 4,139회 연재라는 대기록으로 한국 네 컷 만화계의 전설로 남게 되었다. 종이나 신문이 흔하지 않던 시대라 단행본 만화책은 돌려 가며 보는 보물과도 같은 존재였다. 그러나 일부 작품의 경우 폭력과 음란한 내용들로 인해 학생들이 만화방에 가는 것을 금지시키거나 단속하던 시절도 있었다. 네 컷 만화를 현재의 온라인 동영상 공유 플랫폼과 비교한다면 만화책은 동영상에 해당될 것이고 네 컷 만화는 만화계의 틱톡, 쇼츠, 릴스, 클립 영상물인 격이다. 말 그대로 만화의 에피소드를 네 칸으로 완결한 것이다.

이만큼 시사 풍자적이고 함축적인 콘텐츠라는 특성상 전달력이 강해 마케팅 등 다방면으로 활용된다. 네 개의 칸 안에 모든 내용을 담아야 하는 네 컷 만화는 기본적으로 기-승-전-결의 구성으로 이루어진다. '단순한 게 최고다(Simple is the best)'라는 말이 있다. 그러나 단순함은 오랜 경험과 깊은 지식을 바탕으로 도달하게 되는 결과이다. 보기엔 쉬워 보여도 정보 전달은 물론 재미와 완성도를 높여 구성하기란 의외로 어렵기 때문이다.

인터넷뱅킹의 이점을 홍보하는 콘텐츠 제작에 활용했다. 국내 인터넷뱅킹 도입은 1999년이다. 이후 2000년대 들어 인터넷 인프라가 확산되고 2010년대부터는 스마트폰이 대중화되면서 빠르게 성장했다. 그러나 기업뱅킹의 경우 초기에는 결재 단계의 보안이나 책임 소재 등으로 실물 위주의 전통적 증빙 서류를 선호하는 기업주 등의 공감대 미흡으로 비대면거래 비중이 개인뱅킹을 한참 뒤따라가는 경향이 있었다. 따라서 개인 사업하시는 고객님들께 기업인터넷뱅킹 홍보를 위해 인터넷뱅킹 장점을 '네 컷 만화'에 담아내는 홍보물을 제작하게 되었다 (2011). 주요 메시지를 말풍선으로 소개하는 콘셉트였다.

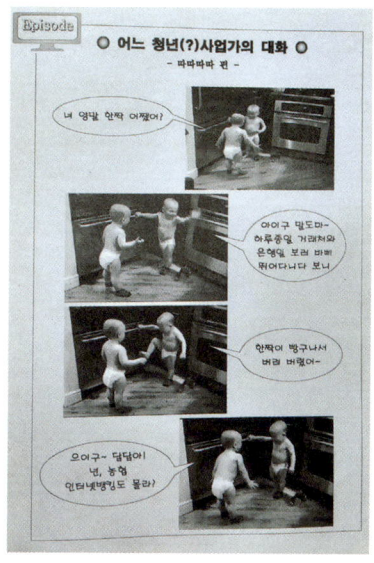

A (깜짝 놀라 양팔을 벌리며) 너 양말 한 짝 어쨌어?

B (손사래 치며) 아이구 말도 마~ 하루 종일 거래처와 은행일 보러 바삐 뛰어다니다 보니

B (양말 없는 발은 들어 보이며) 한 짝이 빵꾸 나서 버려 버렸어~

A (두 손을 아래로 펼치며) 으이구~ 답답아! 넌, 농협 인터넷뱅킹도 몰라?

6.
이러시면 아니 아니 아니 되오

　형법의 대원칙으로 죄형법정주의가 있다. 바로 범죄와 그 형벌은 법률이 정하는 바에 따라 결정해야 한다는 주의다. 법률이 없으면 범죄도 없고 형벌도 없다. 따라서 아무리 사회적으로 비난받아야 할 행위라 할지라도 법률이 범죄로 규정하지 않았다면 처벌할 수 없으며, 범죄에 대하여 법률이 규정한 형벌 이외의 처벌을 과할 수 없다는 것이 죄형법정주의의 본질적 의미이다. 다음으로 양형기준이란 게 있다. 형의 종류를 선택하고 형량을 정할 때 참고하는 기준이다.

　각 기업도 윤리경영 및 내부통제 강화를 위해 전 임직원이 준수해야 할 윤리강령 및 인사규정, 감사규정 등을 제도적으로 마련하고 있다. 이처럼 기업의 사회적 윤리 책임을 다하기 위한 후속 조치로 윤리강령 준수 서약, 법정 의무교육 수강, 문서지도 등 각종 예방책을 집중적으로 주문하고 있음에도 개인의 일탈로 조직의 이미지를 실추시키는 금융사고가 끊이지 않고 발생하고 있다.

　특히 일부 사고의 경우 법이나 규정 위반 해당 여부와 형량 기준을 잘 모르고 실수하는 원시적 사고가 발생하기도 한다. 따라서 각종 사고 예방을 위하여 자주 발생되는 사고 유형을 발췌하여 직관적으로 쉽게 이해될 수 있도록 양형기준에 의거 만화 형태로 안내장 및 포스터를 제작하여 배부했다(2012).

내부통제 관련 예방 포스터

7.
총성이 아닌 감성으로

디지털금융대전 예고

2002년 사내 MBA 연수 과정에서 미국을 방문한 적이 있다. 전 세계를 큰 충격에 빠뜨렸던 9.11테러 사건이 터진 바로 이듬해라 비자 심사가 무척 까다로웠다. 뉴욕 중심지의 무너진 세계무역센터 자리가 1년 전의 아픔을 간직한 채 아직도 휑한 상태였다. 그리고 세계에서 명성이 가장 높고 평화의 상징인 UN본부도 시찰했다. 본부 내에 있는 비폭력의 상징인 총구가 구부러진 멋진 작품을 접했다. 작품명은 〈비폭력(Non-Violence)〉이다.

UN본부 내 '비폭력'의 상징물 앞에서(2002. 11.)

이후 10년 뒤 인터넷뱅킹을 담당하는 팀장으로 부임했다. 그리고 그때 직접 찍어 온 해당 사진을 교육 자료에 적극 활용했다. 일선 창구에서 눈에 보이는 고객 이탈이 아닌 비대면 채널을 통해 쥐도 새도 모르게 조용히 해지하고 떠나는 고객님의 이탈을 경계해야 함을 강조하는 데 좋은 이미지였다.

이후 여러 은행 계좌를 하나의 애플리케이션(앱)에서 조회하고 출금·이체까지 할 수 있는 오픈뱅킹 시대의 도래로 총성 없는 디지털금융대전은 한층 치열해졌다. 고객 이동과 함께 쟁탈전이 심화된 것이다. 여차하면 고객님들의 광속 이탈로 이어질 수 있다.

이에 최근 국내 금융그룹들은 변화하는 환경과 고객 확보를 위해 다양한 방식의 협업을 추진하고 있다. 특히 자사 플랫폼으로 접근하기 어려운 고객 확보를 위해 간편결제 시장 등에서 신흥 강자로 부상한 빅테크·핀테크 등 대형 플랫폼과의 관계 강화를 통한 고객 확보다. 금융회사와 AI 관련 기술 기업 간 또는 사내벤처 프로그램 등을 통한 이종업종 간 협업이다. 그야말로 약육강식의 시대가 아니라 강자가 자기의 피와 고기를 기꺼이 내어줄 수 있는 강육약식의 시대로 변했다.

인터넷뱅킹 홈 화면을 문학 감성으로

은행권의 전체 점포 수는 2022년 말 5,800개로 10년 전인 2012년 7,673개였던 것에 비해 1,873개나 줄었다. 10년간 약 2,000개 가까이 영업점이 없어진 것이다. 은행들이 영업 점포를 통폐합해 나가는 데는 이유가 있다. 디지털 전환으로 지점을 방문하시는 고객들보다

모바일 등 비대면으로 업무를 해결하는 고객들이 월등히 많아졌기 때문이다.

그러다 보니 최근 은행권은 기존에 여러 앱으로 나뉘어 제공하던 서비스들을 한 가지 앱에 통합해 넣은 '슈퍼앱' 개발 경쟁이 치열하다. 슈퍼앱은 은행과 증권, 카드, 보험 등 다양한 금융서비스를 한 개의 앱에 모아 놓은 것이다. 게다가 전자증명서 발급, 티켓 예매, 모바일 신분증까지 생활 서비스 등 비금융 분야까지 확대되고 있다. 이제부터는 슈퍼앱에서의 편의성 제고다. 앱이 무거워 버걱대거나 고객 경험의 반영 속도가 빅테크 기업의 금융서비스 수준을 따라가지 못한다면 '소문난 잔치에 먹을 것 없다'라는 소리를 들을 것이다.

필자는 부장 시절 영업점 창구 환경이 중요하듯 비대면 채널의 고객 중심적 마케팅 강화를 위해서는 이용자 친화적인 차별화된 UI/UX 디자인과 재미있는 기능을 반영한 감성 정책을 매우 중요시했다. 가령 인터넷뱅킹 홈페이지 초기 화면 구성을 계절적 요인과 트렌드 등을 적극 반영한 글귀나 그림 등으로 교체하도록 했었다. 방문하시는 고객님들과의 첫 만남을 소중히 여겨 반갑게 맞이하고 있다는 인상을 느낄 수 있도록 하기 위해서다. 고급 용어로 감성 경영이다. 고객님들께 진심과 세련된 이미지 제공은 다음 화면을 기다리게 하고 궁금해질 뿐만 아니라 은행이 고객과 소통하기 위해 노력하고 있다는 인식을 제공할 수 있다고 판단했기 때문이었다.

강연 자료에서 본 사례다. 지하철역 앞에서 장님이 "저는 장님입니다. 도와주세요."라고 적힌 종이 한 장을 놓고 구걸을 하고 있었다. 그러나 사람들은 어쩌다 한 명이 동전을 던져 줄 뿐 지갑이 열리지 않았다. 그때 한 여자가 다가와 종이 뒷면에다 다른 글을 써 놓고 갔다. 그러자 많은 사람들이 동전을 놓고 갔다. 여자가 써 놓고 간 글귀는 "아름다운 날입니다. 그런데 저는 그것을 볼 수 없네요."라는 문구였다. 그 문구가 행인들 마음의 문을 연 것이다. 이처럼 메시지가 주는 힘은 대단하다.

이처럼 충성이 사라지고 감성이 중요한 시대에 고객 중심의 UI/UX 구현을 위해 월별, 분기별 초기 화면 이미지를 시민 공모 등을 통해 선정된 작품으로 고객 참여형 정책을 시도했다. 다만 스마트뱅킹이 메인 채널로 자리 잡았고 인터넷뱅킹은 이용 고객 감소 및 주요 사업 배너 광고 정책 등 제약 요인으로 두 시즌 만에 접은 것은 아쉬움으로 남는 부분이다. 고객의 눈은 무섭고 무조건 옳다. 앞서가든 따라가든 변해야 한다.

2020년 여름호

세상을 품은
넓은 바다

우리네 사연을
받아 주느라
푸르게 물들었구나

그래도 나는
여기서
행복한 에너지를
받아 갑니다

8.
은행장실에 카우보이모자가 걸린 이유

1800년대 중반 미국 서부지역에는 골드러시 열풍이 불었다. 수많은 사람들이 일확천금을 꿈꾸며 서부로 몰려들었다. 그런데 실제로 돈을 더 많이 번 사람들은 금광채굴업자들이 아니라 채굴 도구인 삽을 판매한 업자, 금 운송업자와 기반 시설인 철도 건설업자 등 부수적인 업자들이라고 한다. 그들은 막대한 부를 축적했고 삽 판매자는 캘리포니아 최초의 백만장자가 되었다. 그때 뉴욕에서 변호사였던 스탠포드도 골드러시에 합류한다. 법률, 정치, 철도 건설 등에서 크게 성공한 후 교육에 관심을 갖고 세운 대학교가 우리가 다 아는 그 유명한 스탠포드대학교다. 이처럼 금광채굴업자가 살아남은 것이 아니라 장기적 관점에서 볼 때 다른 인프라와 플랫폼 공급업자가 미국 역사에 큰 영향을 미쳤다.

이제는 AI 혁명 시대이다. 앞서 언급했던 바와 같이 대형 플랫폼 중심으로 약육강식의 시대로 변해 가는 시대에 그들을 단순히 삽 판매자(인프라 공급업자)로 치부하기엔 금융권엔 이미 쓰나미 같은 위협적인 존재다.

인터넷 전문은행과 빅테크 중심의 대형 플랫폼 등장 이후 은행권은 빠르게 변해 가는 고객 경험을 반영한 채널 구축을 위해 '디지털전환(DT)' 정책에 가속도를 부치며 금융 플랫폼 경쟁에 사활을 걸고 있다. 2019년 도에는 당시 은행장의 경영방침에 따라 〈NH디지털혁신캠퍼스〉 출범 및 〈DT대응혁신TF〉가 가동되었다. 중장기전략 수립과 동시에 새로운 경영 방식으로 '애자일(Agile)' 조직을 연차적으로 도입하여 민첩한 조직문화를 만들어 가기 위한 중장기 전략이었다. 부서 간 경계를 허물고 팀원에게 의사 결정 권한을 부여해 신속하게 업무를 진행하는 방식이다. 구글, 마이크로소프트, 애플 등 굴지의 글로벌 기업에서는 이미 애자일 문화를 도입해 사용하고 있었다. 고객 의견을 수시로 피드백받아 기민하게 대응해 나가자는 문화다. 앞서 언급했던 실크로드(S·I·L·K)의 L도 애자일 조직의 특징인 민첩함으로 고객의 소리를 제도 개선에 적극 반영하여 연결시켜 나가자는 Link 개념이다.

이듬해 1월 조직 개편 시 지금의 '슈퍼앱'으로 성장해 온 올원뱅크를 인터넷전문은행 수준으로 키우기 위해 조직과 인력을 대폭 확대한 '올원뱅크Cell'을 출범시켰다. Cell은 팀보다는 크고 부서보다는 작은 중간 규모의 조직을 말한다. BIB(bank in bank) 방식이라고 하여 '은행 안의 은행' 개념으로 독립적 조직에 준하는 권한과 책임을 부여하는 것이다. 무려 40여 명의 소직으로 키워 힘을 실어 줬고 심지어는 Cell장에게 '대표'라는 명함까지 사용하게 했다. 실질적으로도 'NH디지털혁신캠퍼스' 내 은행장 제2집무실을 가동하여 양재동에서 주 1회 한나절 근무를 하셨고 명함[8]도 스타트업 스타일로 차별화시켜 제작해 드렸다.

---

8) 은행장 직명 대신 'Digital Explorer(디지털 탐험가)' 사용과 QR코드 인쇄.

NH디지털혁신캠퍼스

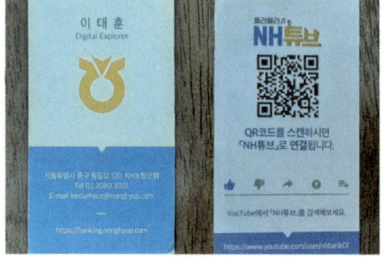
디지털 탐험가 명함

최근 대구은행이 시중은행으로 전환하면서 기존에 사용하던 모바일 앱(iM뱅크) 명칭을 그대로 법인명(㈜아이엠뱅크)으로 변경한 것은 전통적 한국 사회 및 은행업에 큰 변화가 아니라 할 수 없다.

마침 DT추진을 위한 〈DT대응혁신TF〉 단장 시절 선진 금융기관(호주, 싱가포르) 견학을 위해 출장 시 과거 미국과 호주에서 서부 개척 시대의 탐험가 상징물이었던 '카우보이 모자'를 목격하고 디지털 탐험가를 꿈꾸는 행장님과 안성맞춤이라는 아이디어가 떠올랐다. 호주에서 적도를 넘어 양재동 제2집무실까지 공수하여 전시해 드린 사연이다.

9.
진짜 사용해도 되는 카드예요?

　2021년 농협 창립 60주년을 기념하여 그동안 NH농협을 변함없이 성원해 주신 고객님들께 감사의 마음을 전해 드리고자 다양한 경품 이벤트 등이 전사적으로 진행됐다. 필자 부서에서는 큰 혜택을 담은 〈NH1961카드〉를 출시했다.

　이와 더불어 농협카드 출시 첫해인 1984년에 카드를 발급해 현재까지 이용 중인 우수고객 중 1,961명을 별도로 선정해 감사의 의미를 담은 소정의 사은품 및 감사장을 전달하는 이벤트를 진행했다. 앞서 고갱이고객 대상으로 개최한 〈30년 지기 우수고객 초청 사은행사〉와 유사한 콘셉트였다. 데이터에 의한 사무소별로 명단을 제공하고 사무소장이 직접 방문하여 전달 및 인사하는 시간을 가졌다. 특히 NH1961카드의 스페셜 에디션인 〈뉴트로[9]카드〉는 농협 창립 60주년을 기념해 한정 제작한 것으로, 농협을 상징하는 색상과 심볼 마크 등을 그대로 활용하여 뉴트로 콘셉트를 강조한 디자인이 특징이었다.

　1호 카드 고객님은 당초 본사로 초청하여 별도의 전달 행사를 계획

---

9) 뉴트로: 새로움(New)과 복고(Retro)를 합친 신조어.

하였으나 당시 코로나19 상황이라 방역 정책에 따라 공식 초청행사를 취소하고 본사에서 고객님께 직접 방문하여 카드 전달 및 기념품을 증정하는 소규모로 행사로 대체했다.

 유행이란 돌고 도는 것이란 말이 있는 것처럼 복고풍의 디자인은 큰 인기를 끌기도 했다. 이처럼 디자인은 기업이나 브랜드의 아이덴티티를 형성하고 시장에서 경쟁력을 확보하는 데 중요한 역할을 한다. 이와 관련, 카드 디자인을 고객들의 니즈와 편리성을 고려하여 카드 앞면 디자인을 고객 스스로 꾸밀 수 있도록 나만의 인물이나 풍경 사진을 활용한 맞춤형 카드를 제안했다. 자녀나 가족사진을 카드 이미지로 활용 시 락인(고착)효과는 물론 5년 단위로 갱신 시 성장하는 자녀의 모습이나 익어 가는 가족의 모습을 기록적으로 담을 수 있겠다 싶었다. 다만 카드 신상품 개발 시 디자인까지 포괄적으로 승인을 받아야 하는 과정에서 사진의 경우 타인 작품을 도용하는 저작권이나 초상권 등의 문제가 우려된다는 사유로 미완에 그친 것은 끝내 아쉬운 부분이다. 우정사업본부의 〈나만의 우표〉처럼 사진 접수 시 이러한 문제점을 사전 심사하여 제작하면 될 듯싶다.

10.
소비자보호 마일리지 구독 좋아요

　마일리지라는 용어가 요즘에는 일상생활에 깊숙이 널리 퍼져 있지만 초창기에는 개념조차 이해하기 어려운 적이 있었다.

　우리 농협의 경우 90년대 중반 '효도마일리지통장'이라는 신상품이 출시되어 직원들이 상품 개념부터 공부해 가며 판매했던 추억이 있다. Mileage(마일리지)의 본래 의미는 "마일(miles) 수(數)" 혹은 "마일 단위 주행거리"라는 의미로서 제도의 시초는 항공사다. 그러나 오늘날에는 항공사 외의 수많은 업종에서도 물품 구매나 서비스 이용에 따라 포인트를 적립하여 나중에 사용하게 하는 제도를 통칭해서 부른다. 종류도 다양해서 현금으로 돌려주는 캐시백 서비스, 일정 금액을 할인해 주는 서비스, 포인트별 상품을 주는 등 다양한 형태의 마일리지가 존재한다.

　농협의 경우 수신메리트시스템 제도가 최초 도입된 이후 여신마일리지 등으로 확산되었다. 소비자보호부에 부임하여 보니 CS마일리지 제도를 운영하고 있었다. 다만 CS 업무에 국한된 평가 항목으로 구성되어 있었다.

그러나 앞서 CS 개념을 고객 만족을 넘어 소비자보호로 확대하자는 이론과 맥을 같이 맞추기 위해 기존 CS마일리지를 〈소비자보호마일리지〉로 확대 개편하기로 결정했다. 금소법 시행 이후 고객님과 모든 업무를 대하는 발상 자체를 소비자보호 기점에서 출발하여 금융소비자의 권익보호와 고객 만족을 최우선 가치로 삼고, 모든 임직원이 책임감을 가지고 소비자보호를 위해 최선을 다하자는 의미로 전 부서의 공감대가 필요한 부분이기도 했다.

가장 중점을 두었던 부분은 업무 전문성 부분이다. 민원 발생 원인을 세분화시켜 데이터를 분석해 본 결과 설명 미흡, 업무 미숙 등으로 인해 유발되는 민원이 대부분을 차지하는 만큼 시급했다. 금소법에서도 6대 판매 원칙의 하나로 설명의무를 강조하고 있다. 즉 금융상품판매자가 설명의무를 위반하여 금융소비자에게 손해를 발생시킨 때에는 판매자가 고의 및 과실이 없음을 입증한 경우를 제외하고는 그 손해 배상 책임을 규정하고 있다. 이에 따라 판매 직원의 금융상품에 대한 전문지식 숙지 및 상담 스킬 등 업무 전문성 강화가 소비자보호의 최우선 덕목으로 부상함에 따라 업무 지식 제고 관련 항목을 마일리지에 최대 반영하였다.

가장 주목할 부분은 문서열람률을 마일리지로 환산하여 반영한다는 점이다. 문서 시행자와 지점 업무 담당자 관계를 각각 유튜버와 구독자 개념으로 접근한 방식이다. 시행부서에서는 문서 품질 제고 및 과잉 생산을 지양하고 현장에서는 담당 업무 문서를 빈틈없이 구독하여 고객 상담 시 설명 오류나 미숙으로 인한 불이익을 사전 차단하자는 취지다. 구독자 수와 시간 분석 등 피드백을 통해 가독성 좋은 양질의 문서를 생산하고 이용자는 자기 학습을 통해 상담 품질을 높일 수 있는 제도다.

다음은 자기 주도적인 자기 계발과 현장 교육을 통한 업무역량 강화를 위해 화상교육 등 내·외부 전문 교육과정 수강 및 자격증 취득 시 마일리지를 제공토록 설계했다. 또한 금융사기예방 우수, 미스터리쇼핑 우수, CS우수, 민원예방 우수, 제안 및 제도개선 우수 등 소비자보호 관련 업무 유공 시 마일리지를 부여하는 제도다.

또한 정기적 평가 후 우수직원 표창 및 인사상 우대 등도 협의했다. 오롯이 '소비자보호만이 농협은행의 살길이다'라는 의지를 담아 전행 차원의 금융소비자보호를 통해 사회적 책임을 다하는 일등은행으로 거듭나길 다짐했다.

11.
보이스피싱 예방 방송 프로그램을 꿈꾸다

　종합편성채널 JTBC의 방송 중에 교통문화 개선을 위한 프로젝트 〈한문철의 블랙박스 리뷰〉라는 시사교양 프로그램이 있다.
　'사고를 간접 경험함으로써 교통사고 없는 대한민국을 만들자'는 취지로 시작되었다 한다. 시청자로부터 제보받은 차량 블랙박스 및 CCTV 등 영상을 감상 분석하고 출연자들은 과실 비율과 대처 등 의견을 함께 나누며 진행자의 설명을 듣는 형식이다. 그 밖에도 일반 사건 사고를 다루는 시사교양 프로그램이 다수 방영되고 있다. 그 이유는 그러한 사고가 우리 주변에서 쉽게 발생하고 있고 자신도 위험에 처했을 때 순간적으로 어떻게 대처해야 하는지와 교통사고의 경우 과실 비율이 궁금해서가 아닐까 한다.

　그렇다면 전화나 PC 등 통신매체를 이용하여 자행되는 전기통신금융사기(보이스피싱) 피해 예방을 위한 이런 프로그램을 만들어 보면 어떨까? 금감원에서 발표한 '2023년 보이스피싱 피해 현황 분석'에 따르면 지난해 보이스피싱 범죄로 인한 총 피해액은 1,965억 원으로 전년 1,451억 원보다 514억 원 증가했다. 반면 피해자 수는 줄었다. 결국 1인당 피해액은 크게 늘었다는 얘기다. 금융 당국과 금융권의 범죄 예방 조치 등이 영향을 미쳤을 거란 분석이다.

그러나 당한 사람은 재산상 피해는 물론 정신적 충격 또한 이루 말할 수 없다. 금융당국은 각종 보이스피싱 근절 대책을 쏟아 내고, 금융권에서는 FDS 등 내부통제시스템을 통한 24시간 모니터링 대응 체계를 가동한다고 해도 한계는 분명히 있다. 사기범의 교활하고 치밀한 신흥 수법에 시스템이 따라가는 형국이기 때문이다. 금융당국과 수사당국 그리고 금융권에서 공조를 강화한다고 해도 국민도 스스로 더 챙겨 보고 따져 보는 등 예방 활동에 주의를 기울여야 한다.

따라서 교통문화 개선 프로젝트 프로그램처럼 공중파 방송의 공익성을 활용하여 국가적으로도 큰 이슈가 되고 있는 보이스피싱 척결을 위해 국민도 참여하는 금융사기 예방 프로그램 제작을 통해 금융사기로부터 피해 없는 대한민국 사회를 앞장서 만들어 나갔으면 좋겠다는 의견이다. 보이스피싱 피해자로부터 피해사례를 제보받아 경찰, 금융당국, 은행 등 관련 기관의 전문가들이 출연하여 사기 수법 분석과 검거 과정 및 예방책을 패널들과 공유하고 설명을 들음으로써 간접 경험을 통해 교묘해지는 금융사기로부터 국민의 소중한 자산을 보호하자는 콘셉트다. 사기범들은 꼭 잡힌다는 메시지도 전달하고 말이다.

본 구상안은 의미 있는 외부 대책 회의 및 세미나 등 공개 석상에서 발제했지만, 당면 현안에 대한 피해보상 등 민원 처리에 포커스가 집중되는 데 그쳐 개인적으로 아쉬운 대목이었다. 상기 4자가 공동 제작하는 방법도 있겠고, 일부 언론사와의 기업의 사회적 책임 차원에서 파일럿 방송으로 제작해 보는 것도 좋지 않을까?

12.
우리가 갈 길은 앞으路(APro)

앞서 언급한 '소비자보호만이 농협은행의 살길 - 『S·I·L·K』로드'에 이은 2탄이다. 이번에는 '갈 길'이다. 1탄에서의 '살길'은 명사로서 '살아가기 위한 방도'를 말했다. 즉 농협은행이 고객의 성원 속에 발전해 나가기 위해서는 소비자보호만이 살길이었다면, 이번에는 농협이 치열한 금융경쟁하에서 살아가기 위해 그 구성원들이 앞으로 추구해 나가야 할 길, 바로 주체적으로 지녀야 할 가치관이 필요하다는 논리이자 주장이다. 그 길이 바로 '앞으路'이고 영어로는 'APro'이다.

'나가다'는 일정한 지역이나 공간 안에서 밖으로 이동하는 것과 같이 물리적으로 행동하는 것을 뜻한다. 반면 '나아가다'는 '앞을 향하여 가다'라는 뜻을 가지고 있어 한곳에 머물지 않고 정도가 더해지거나 범위가 넓어지는 것을 말한다.

따라서 구성원 여러분들이 농협의 주인이자 고객님을 위한 봉사자라는 신념으로 치열한 금융환경 변화 속에서 자기 계발에 정진해 줄 것을 당부하는 의미에서 4개의 핵심 가치로 나눠 정리했다. 즉 최초·최고·최장을 지향하는 목표 의식(Advanced), 이를 뒷받침하기 위한 전문성(Professional), 이를 실현하기 위한 책임감(Responsibility) 그리고 내가 주인이라는 마음가짐(Ownership)이다. 결론적으로 '나만의 브랜드로 경쟁력을 키워 A급 프로가 되어 앞으로 사회와 조직에서 인정받는 유능한 인재로 성장해 주길 당부하는 메시지다.

〈앞으로〉라는 동요 가사가 생각난다.

> 앞으로 앞으로 앞으로 앞으로 (짝짝짝)
> 지구는 둥그니까 자꾸 걸어 나가면
> 온 세상 어린이를 다 만나고 오겠네 ♬

그렇다. 농협이 대한민국을 넘어 자꾸 걸어 나가면 글로벌 금융시장에서 온 세상 고객님께 한국농협이라는 繡를 놓는 날이 올 것으로 믿는다. 부서 이동, 전출, 퇴직 등 석별의 순간 이런 마음을 담아 직원들에게 격려 메시지를 도서에 담아 전달하곤 했다.

앞으路(APro)	치열한 금융환경 변화 속에서 금융 전문성을 바탕으로 한 '나'만의 브랜드로 A급 프로가 되기 위해 나아가 달라는 의미
- **A**dvanced(최고지향) - **P**rofessional(전문성) - **R**esponsibility(책임감) - **O**wnership(주인의식)	**최초**가 되기 위해서는 먼저 시도하라! **최고**가 되기 위해서는 낮은 곳부터 시작하라! **최장**이 되기 위해서는 끊임없이 고민하라!

'망하면 어떡하지?'라고 걱정하는 대신에 관점을 바꿔 '안 망하면 어떡하지?'라고 질문을 던져 보세요.

그 대답은 자명하다

망하는 것을 바라는 사람은 없을 것이다.

그렇다면 구성원은 그 안에서 APro를 실천해야 할 것이다.

《나라는 브랜드를 설계하라》 책자에 메시지 작성 및 전달 장면

13.
〈콕콕콕〉을 광고 음원으로 '콕'

2023년 3월 TV조선 트로트 오디션 프로그램 〈미스터트롯2〉의 준결승 신곡 미션에서 나상도 가수가 부른 〈콕콕콕〉이라는 노래가 있다. 방송을 보는 순간 노래 제목과 가사 내용이 24년 총선 시즌에 선거송과 농협상호금융 'NH콕뱅크' 광고 음악으로 사용하면 좋겠다는 생각이 들었다. 콕뱅크 담당 부서에 아래 내용을 제안했다.

제안 내용

먼저 콕뱅크 고객 천만 회원 달성을 축하드립니다.

다름이 아니라 〈NH콕뱅크〉를 널리 알릴 수 있는 홍보 안이 생각나서요. 어제 끝난 〈미스터트롯2〉에서 최종 4위를 차지한 나상도 가수가 지난주 신곡 미션에서 부른 〈콕콕콕〉 후렴구가 무척 인상적이어서 음원을 구매하여 광고물을 꾸며 봐도 좋을 듯해서요.

농협상호금융은 14일 오전 농협중앙회 본관에서 이성희 농협중앙회장, 조소행 상호금융대표이사 등 임직원 200여 명이 참석한 가운데 'NH콕뱅크 천만고객 달성 기념식'을 개최했다고 밝혔다.

기념식에서는 콕뱅크 추진 우수 농·축협 16개소, 지역본부 6개소, 우수직원 10명에 대한 시상과 비전을 선포하는 시간을 가졌다.

콕 콕 콕 콕 찍어줘요
두근두근 사랑의 포크로
콕 콕 콕 콕 찍어줘요
포크처럼 콕 찍어줘요

콕 콕 콕 콕 찍어줘요
두근두근 사랑의 포크로
콕 콕 콕 콕 찍어줘요
포크처럼 콕 찍어줘요
포크처럼 콕 찍어줘요
포크처럼 콕 찍어줘요

14.
21세기 효(孝)는 10차 산업이다

대한민국 민법 제770조는 혈족의 촌수(寸數) 계산 규정이다. 직계는 세수(=대수)로, 방계는 촌수로 정하고 있다. 과연 그러면 부모·자식 간의 촌수는 몇 촌일까? 물론 직계는 세수로 세기 때문에 '몇 촌'이라고 호칭하지 않는다. 다만 불손한 표현이지만 굳이 따지자면 부모·자식 간이 1세(1대)이므로 1촌이라고 볼 수는 있다. 이처럼 부모·자식 간은 법률상 촌수가 없다. 한자로 마디 촌(寸)이므로 마디가 없다는 뜻이다.

아주 오래전 필자는 '효'를 1차 산업에 비유하여 사내 잡지('두레'지, 1998년 11·12월호)에 기고한 적이 있다. 부모와 자식 간의 인연은 하늘이 내린 인연이라서 천륜이라고 한다. 이처럼 태어나면서부터 자연스럽게 맺어진 관계이다. 그래서 산업으로 분류하자면 자연환경을 직접 이용하여 필요한 물품을 얻거나 생산하는 산업을 1차 산업이라고 정의한 것처럼, 부자간의 관계는 가공(2차)되거나 서비스(3차) 개념의 관계가 아니라 천륜의 관계라 1차 산업으로 분류하자는 게 필자의 주장이었다. 물이나 공기와도 같은 인간으로서의 절대적 사랑에 대한 고귀한 보은이라고 생각하는 데 기인한다. 그러나 20세기까지의 효는 일방적이고 상향식 개념이었다면 21세기의 효는 부모·자식 간 쌍방향이자 평행적 개념으로 재해석하여 10차 산업이라고 정의한 필자의 신조어다.

산업의 분류는 영국의 경제학자 콜린 클라크가 1940년 《경제 진보의 제조건》이라는 저서에서 산업을 1차, 2차, 3차 산업으로 나누어 설명한 이후부터이다. 그러면 최근 4차, 6차 그리고 필자가 얘기하는 10차 산업은 무엇일까? 4차의 경우 공인된 개념이 아니라 3차 산업의 하위 분류군에 보아야 맞다는 게 통설이다. 물론 산업혁명을 얘기할 때 4차 산업혁명과도 또 다르다. 4차 산업은 3차 산업 중 정보, 의료, 교육 서비스 등 지식 기반 산업을 말한다. 그리고 6차 산업은 95년 일본의 농업경제학자가 농업의 부가가치를 높여 하나의 새로운 산업 형태로 향상시키고자 한 슬로건 형태의 표현이다. 즉 농업은 1차(생산), 2차(가공), 3차(유통)를 모두 한 사람이 처리하기 때문에 유기적으로 결합된 산업이라는 의미로 1, 2, 3을 더해서 6차산업이라고 정의한 데서 유래한다.

그럼 10차 산업은 어떤 것인가? 필자가 1, 2, 3, 4차를 더해 만든 신조어 개념이다. 산업별 특징을 살려 가족 간 관계를 1차는 기본적으로 건강한 식사, 2차는 가공품에 해당되는 마음의 선물, 3차는 문화서비스 등 혜택 공유, 4차는 비대면 장비를 통한 안부 전화 등 소통을 의미했다. 앞서 살펴본 바와 같이 부모·자식 간의 관계는 마디도 없는 유기적인 운명공동체에 해당된다. 따라서 21세기의 관계는 봉건적 개념의 관계가 아닌 상호 존중과 이해 그리고 소통 강화를 통해 신개념의 '효와 사랑'으로 행복한 가족상이 되었으면 하는 바람이다. 따라서 부모와 자식 간은 동반자적 관계이자 평생 상호 존중하며 나가야 할 천륜(天倫) 관계라고 정의했다.

기고 21세기 효(孝)는 10차 산업이다

(농민신문 2024. 5. 30.)

1997년 말 한국경제는 세계화를 외칠 정도로 호황이었다. 하지만 이내 국제통화기금(IMF)이라는 병원에 실려가 구제금융이라는 긴급 수혈과 강도 높은 재활치료를 받았다. 이 시기에 필자에게 또 하나의 시련이 닥쳐 왔다. 모친이 뇌졸중으로 쓰러지셨다. 필자에게 외환위기와 뇌졸중이 유사하게 느껴지는 이유다.

우리 경제는 성장 제일주의로 앞만 보고 달려오는 과정에서 사회에 고착된 정경유착과 같은 병폐·부조리가 경제의 혈관을 막고 기력을 떨어지게 했다. 여기에는 아시아 주변국의 경제 혼란도 한몫했다. 모친도 어려운 농촌 살림에 과중한 농사일·집안일로 평소 건강을 돌보지 못한 것이 병원 신세의 원인이 됐다. 이처럼 국가 경제와 모친 건강 공히 오래전부터 축적돼 온 구조적 모순들이 폭발한 것이다. 외환·금융 체계의 경색은 외환위기를, 인체 심혈관계의 경색은 뇌졸중을 일으켰다. 즉 외환위기로 겪었던 고통은 한평생 농사를 짓는 농민의 삶에서 반복되는 고통과 닮은 구조라는 점에서, 농업과 효(孝)를 연결해 보고자 한다.

우리나라 산업의 근간을 이루었고 최근 안보 산업으로도 불리는 농업은 1차 산업에 속한다. 1차 산업은 주로 자연에서 원재료의 생산·채취를 담당하는 산업이다. 이러한 1차 산업이 주를 이뤘던 농경사회는 가족중심 문화였고, 가정의 윤리와 도덕이 질서와 행복으로 여겨지는 시대였다. 그러나 2차 산업인 제조업 시대를 지나 이제는 서비스(3차)·정보 지식산업(4차)으로 핵심 산업이 옮겨지는 과정에서 윤리와 도덕은 쇠퇴의 길을 걷고 있는 모양새다.

산업화는 물질적 풍요와 함께 개인의 권리가 중시되는 사회를 만든 반면 이로 인해 인간이 가져야 할 본연의 가치인 윤리를 경시하는 풍조도 생겨났다. 특히 코로나19를 지나면서 비대면 문화가 일상화되면서 새로운 가족관 정립도 필요해졌다.

이에 부모의 사랑과 헌신에 대한 감사 해법을 산업의 물결에 비유해 '10차 산업'으로 정의하고자 한다. 1차는 건강한 식사, 2차는 마음이 담긴 선물, 3차는 다양한 서비스업 혜택, 4차는 비대면 채널을 통한 잦은 안부 인사 등이다. 1차 산업인 농업이 기초산업, 생명산업으로 불리며 꼭 지켜 내야 할 산업으로 여겨지듯 효 또한 인간의 원초적 사랑이자 부모 은혜에 대한 도리이며 최소한의 양심인 것이다.

부모·자식 간의 관계는 시대의 흐름에 따라 변화한다. 이에 개인주의와 디지털 시대에서 바람직한 관계 설정을 위해서는 '효 사상'에도 변화가 필요하다. 기존의 봉건적 개념이 아닌 소통 강화, 상호 존중과 이해, 공동 참여 활동, 멘토링 지도 등을 중심으로 '신가족상(像)'에 대해 고민해야 한다.

15.
넉 장의 셔츠

"정 중위! 며칠 전 춘천 다녀왔나 봐?" 90년 사단사령부 경비소대장 시절 가을쯤 일이다. 주말을 이용하여 춘천 본가에 다녀왔다. 물론 군복을 입은 상태였다. 요즘이야 얼룩무늬 위장복이라 상의 소매와 등판에 주름을 잡을 필요가 없겠으나, 민무늬 전투복이던 그 시절에는 제복의 생명은 칼주름이었다. 군복을 열심히 다리고 군화는 번쩍번쩍 물광 또는 불광을 내는 등 우리나라 군인이라면 외출 시 누구나 한 번쯤 경험해 봄직한 제복 입은 자의 알량한 자존심이었다. 손목에 무리가 갈 정도로 다림질에 진심인 군인들이 많았다. 필자는 일자 주름이었지만 일부 병사들은 휴가나 외출할 때 등판에 주름을 2줄 잡느냐 아니면 4줄을 잡느냐, 그 이상 줄을 잡네 마네로 '멋있다, 칼이다, 베이겠다' 말하던 시절이다. 그래서 그런지 현역으로 군에 다녀오신 분들은 사회생활을 하면서도 손수 다림질을 한다는 얘기를 주변에서 많이 들었고, 상대적으로 가정주부들이 제일 힘들어하는 가사일 중 하나가 다림질이라는 얘기를 많이 들었다.

춘천 집에 갔다가 귀대하려고 터미널에서 고성행 버스를 기다리고 있을 때 일이다. 사복을 입은 2인조 대원이 다가왔다. 거수경례를 하고는 사복 헌병(현 군사경찰)이라며 군인 신분증과 외박증을 요구했다. 보여 주자 하는 말이 본인들 주된 업무가 군무이탈이나 탈선 장병을 단속하는 거지만 선행 등 귀감이 되는 장병도 업무 일지에 보고토록 되어 있다고 하였다. 필자의 용모가 단정하다는, 참으로 당황스러운 순간이었다. 그 일 이후 2주가량 지난 무렵에 간부 식당에서 식사 중이었다. 인사참모 중령님께서 다가오시더니 "정 중위! 며칠 전 춘천 다녀왔나 봐?"라고 말씀을 던지시는 거였다. 상부에서 연락이 왔는데 모범 장교로 휴가를 보내 주란다. 그러며 "소대장은 자주 나가니깐 휴가 필요 없지?"라고 물으셨다. "네."라고 대답했다.

필자에게 다림질은 숙련된 기술이었다. 시골에서 자라다 보니 농사일로 바쁘신 어머님을 도와드리기 위해 중학교 3년 내내 직접 세탁하여 다려 입고 다녔다. 고교 입학 무렵 교복 자율화가 시행되었으나 필자가 나온 학교는 1년 더 교복을 입었는지라 셔츠를 다려 입었다. 그리고 대학생 시절에는 R.O.T.C. 후보생 생활하느라 2년을 입었다. 중학교 입학 이후 고교 2년과 대학생 1, 2학년 포함 총 4년을 제외하고는 23년 말 퇴임 전까지 45년을 주말이면 다리미와 씨름을 했다. 두 딸의 중고등학교 재학시절 교복 손질도 아빠가 동시에 도와줬다. 조끼를 입으니깐 꼭 앞부분만 다리라는 딸들의 미안해하는 주문을 들으며….

그러던 어느 날. NH에서의 마감일이었다. 그런데 그날 저녁 필자의 눈에 마주친 넉 장의 셔츠가 있었다. 늘 일요일 오후면 다려 놓던 셔츠들이라 마음이 찡했다. 그리고 그 셔츠를 입는 데 무려 두 달이 걸렸다.

1·2·3·4
370.320.03

한 장 남은 달력
그중에서도 마지막 날입니다
농협 신분도요

인생 2막을
준비하고 있습니다

근데 쉬면서
세 끼 챙겨 먹으려니
신경 쓰입니다

출근 준비하고 있던
넉 장의 셔츠는
저를 기다리고 있는 것 같고요

열린생각 ON

V

소통은 따뜻하게
- 통해야 아프지 않다

아이디어는 생각의 열매

1.
<3려(배려·격려·독려) 운동>으로 3려(염려·심려·우려) 퇴치

중국 삼국시대에 유비가 제갈량을 자기 사람으로 모시기 위해 세 번이나 그의 초가집을 방문한 이야기를 가리키는 '삼고초려'라는 고사성어가 있다. 이는 인재를 얻기 위해 참을성 있게 노력하거나 마음을 쓴다는 의미를 담고 있다.

오늘날 이 고사성어는 다양한 분야에서 그 의미를 찾고 있다. 기업에서는 유능한 인재를 채용하기 위한 과정에서, 개인 간의 관계에서는 지속적인 관심과 진정한 관계를 형성하는 과정에서 적용하기도 한다. 특히, 리더십과 관련된 교육 프로그램이나 인재 양성 과정에서 삼고초려의 이야기는 자주 인용되며 그 중요성이 강조되고 있다.

필자는 새로운 관점에서 삼고초려의 '3려'만을 발췌하여 소통 관련 이야기를 언급하려 한다.

그 첫째는 배려이다. 배려란 '짝(配)'처럼 마음으로 다른 사람을 도와주거나 보살펴 주려고 생각(慮)한다'는 의미이다. 이처럼 배려란 '짝', 다시 말해 상대방을 이해하고 존중하는 행동이다. 즉 동업자 정신인 파트너십이 필요하다. 그러나 배려의 속성에는 주로 권위나 지위에 기반한 것으로 상하 간의 관계에서 항상 이타적인 행동이 전제되어야 한다고 한다. 또한 공감하고 칭찬의 의미보다는 부하직원의 감정과 필요를 이해하고 듣고 싶어 하는 말을 해 줘야 하는 형태로 나타나고 있다. 그럼 과연 이런 관계가 맞는 것일까?

상사와 부하직원과의 궁합이라는 도표를 한 강연에서 본 적이 있다. 상사란 불가근불가원, 가까이하기는 싫지만 그렇다고 멀리할 수만은 없는 존재, 일단 존재 자체가 부담스러운 존재, 상사란 그런 존재로 여겨지곤 한다. 그러나 모든 조직 생활에서 상사란 절대 없애거나 무시할 수 없는 존재다. 조직의 모든 업무는 기본적으로 상사와 연결되어 있기 때문이다. 상사로부터 업무 지시를 받고 보고하고 협의해야 한다. 각 단위의 상사들 모두 마찬가지다. 특히 중간 간부 직원은 조직의 척추다. 결국 상사는 일을 하는 데 없어서는 안 될 내 업무의 일부이자 필요조건이다.

따라서 앞으로의 조직 내 상사와 직원과의 관계는 상하 간의 개념이 아닌 수평관계에서의 서로 동감하고 공감하는 관계 속에서 교류하는 것이 중요하다고 생각한다. 사회와 제도는 이미 수평적인 메커니즘으로 바뀌었기 때문이다. 상호 존중하고 소통을 통해 상대방의 입장과 상황을 이해하고 협력과 팀워크를 통해 신뢰가 형성되면 배려는 자연스럽게 이뤄질 것이다. 상대가 있는 게임에서는 공동으로 지켜야 할 원칙이 있는 법이다. 상사와 소속 구성원 간의 관계는 대차대조표의 차변과 대변의 관계로 해석할 수 있다. 합계가 당연히 합치해야 1일 마감 즉, 결산을 할 수 있기 때문이다. 그러지 못하면 분식회계가 된다. 갈등으로 파트너십에 균열이 올 수 있다.

결국 일방적인 배려만을 종용하거나 요구하는 게 아닌 수평적인 관계 또한 단순하고 기계적인 행동이 아니라 파트너십에 입각한 서로 이해하고 존중하는 배려의 결과로 소통이 중요하게 자리매김했으면 좋겠다. 똑똑하고 게으른 상사와 똑똑하고 부지런한 부하 직원이 이상적인 궁합이라고 한다.

상사와 부하의 궁합

둘째는 격려(激勵)다. 용기나 의욕이 솟아나도록 북돋워 주는 행동이다. 유사한 의미로 칭찬이 있다. 물론 칭찬은 결과나 성취에 집중하여 단기적인 만족감과 자아 존중감을 높이는 데 효과적인 반면, 격려는 과정, 노력 그리고 개인의 내적 자질을 인정하고 지지하는 측면에서 장기적인 동기부여에 도움을 준다는 미세한 차이는 있다. 하지만 칭찬이나 격려 모두 그러한 행동을 강화시킬 수 있다는 주장에는 이론의 여지가 없다. 상사에게 반드시 필요한 큰 덕목 중 하나다.

칭찬은 고래도 춤추게 한다는 말이 있다. 반대로 꾸중은 아인슈타인도 학업을 포기하게 만들 수 있다고 한다. 말 한마디가 그 사람의 미래를 바꿀 수도 있다. 칭찬과 격려는 꼭꼭 숨어 있는 잠재력을 끌어내는 마력을 가지고 있다. 이와 같이 직장에서 격려라는 것은 직원들의 동기부여, 자신감 강화, 관계 개선, 성과 향상, 로열티 등에 긍정적인 영향을 미치며, 조직의 성과와 성장에 기여하기 때문이다.

그러나 이 역시 부서원도 상사에 대한 기본적인 감사나 관심 표현하기, 인정하기, 협업과 지원, 예의와 존중, 피드백 제공 등은 상호적인 관계를 형성하고 긍정적인 직장 분위기를 조성하는 데 도움이 될 수 있어 필요하다고 본다. 이것 역시 일방적인 관계가 아닌 80 대 20의 비율로 절충점을 권장한다. 결국 격려 단계는 상사의 몫이 크지만 상호 스폰서십 관계라고 여겨진다.

다음은 독려(督勵)다. 독려란 시전적 의미로 '감독하며 격려함'이라는 뜻이다. 여기서 다시 감독이라 하면 '일이나 사람 따위가 잘못되지 아니하도록 살피어 단속함. 또는 일의 전체를 지휘함.'이라고 되어 있다.

이처럼 독려는 책임감의 발로라고 판단된다. 책임감이 없다는 것은 직무유기요 방임으로 범죄 행위이다. 게다가 독려까지 없다면 무사안일주의에 빠져 있는 무능하고 호구 같은 상사로 취급받게 될 것이다. 어떤 사회나 조직이든 누구에게나 역할과 책임이 있다. 대표는 주주의 이익 극대화를 위한 경영책임이 있고, 간부 직원은 회사 전략과 상사의 방침에 따라 조직을 이끌어야 할 책임이 있다. 또한 일반 직원 역시 회사의 경영 목표와 조직의 미션 수행을 위해 주어진 업무에 대해 책임을 완수할 의무가 있다.

독려가 무작정 다그치거나 채찍만 가하라는 게 아니다. 조직 단위별 목표 부여와 진행 상황 모니터링, 자원 배분, 동기부여와 인정, 멘토링과 코칭, 피드백, 성과 평가 등이 모두 여기에 해당된다.

피터 드러커는 지식노동자에게 중요한 것은 목표 달성 능력이라고 했다. 경영자나 임원의 목표와 역할 그리고 직원들의 역할은 다르다. 그러나 규모의 차이고 업무의 양과 질의 차이이지 회사가 지향하는 목표는 동일하고 같은 기점에서 출발한다. 따라서 스스로 본분에 맞는 목표를 정하고 이를 달성하기 위해 시간 관리를 하고 창의적인 실행 능력을 찾아내는 것은 각자의 책임이다.

따라서 독려라 함이 상사의 몫만이 아니다. 태생적으로 직원 개개인의 합이 회사의 전체 값이다. 따라서 관리자는 소속 직원의 성과에 따라 자신의 리더십과 업무 성과를 평가받는 구조이기에 감독과 격려를 좀 더 할 수밖에 없는 형태다. 아울러 소속 직원들도 스스로 본분에 맞는 목표 의식을 가지고 자기 피드백과 자기 성찰 등을 통해 스스로 독려하고 성취감을 느끼며 프로답게 주어진 목표를 달성해야겠다는 사업자적인 오너십 마인드가 반드시 필요하다.

배려, 격려, 독려라는 세 악기가 어우러져 하모니를 이룰 때 최고의 선율이 흘러나온다. 상사와 직원은 오케스트라의 리더인 지휘자와 단원의 위치이다. 오케스트라와 청중의 관계가 아니다. 지휘자와 단원들은 서로의 역할과 책임을 존중하며 균형과 조화를 이룰 때, 비로소 각 악기의 화음이 빛나 청중에게 감동적인 음악 경험을 선사할 수 있을 것이다.

구분	마인드	관계		부작용
배려	파트너십	상사=직원	No	염려
격려	스폰서십	상사≤직원		심려
독려	오너십	상사≥직원		우려

아래 표에서 보는 바와 같이 가운데 기울기를 중심으로 '3려'가 형성된다면 가장 효율적인 조직이 되어 시너지가 상승할 것이다. 게다가 만약에 사려 깊은 자세로 각자 역량을 120%, 150% 발휘한다면 시너지는 더욱 우상향할 수도 있다. 다만 불협화음이 있다면 각각의 자원 활용이 100%에도 못 미쳐 좌하향하여 붉은 원 안에 형성되는 경우가 발생할 수도 있다. 그러면 결국 상호 간에 염려, 심려, 우려를 끼치게 되어 조직의 성과는 고사하고 운이 쇠할 수 있다. 기업은 조직의 운영 원리를 이해하고 그 원리에 맞게 행동하는 구성원을 붙잡을 것이다.

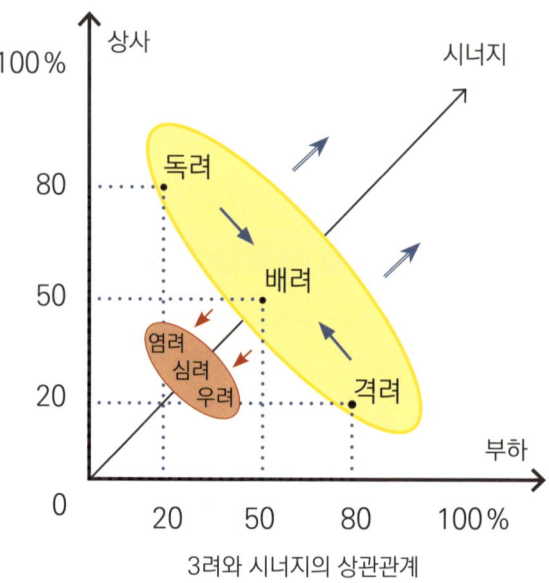

3려와 시너지의 상관관계

2.
어서 와~ 우리 부서는 처음이지?

새 식구 환영은 집 안 구석구석 투어부터

일선 영업점에서 처음 본부로 전입한 직원의 첫 출근일 마음을 생각해 보자. 아마도 대부분 떨리고 두려우며 '잘할 수 있을까?' 하는 걱정이 이만저만이 아닐 것이다. 태산과도 같을 것이다. 건물부터가 위풍당당하게 다가와 맞이한다. 이와 같이 낯선 집, 낯선 사람, 낯선 공기 등 온통 처음인 것 투성이다. 그러나 생각해 보면 우리 모두 이번 생을 처음 살고 있다. 필자도 모든 것이 처음이다. 필자도 25년 전 본부 전입 시 그랬으니까. 특히 입사한 지 2~3년 차의 경우 직장 생활 초년생으로 더욱 심할 것이다. 그래서 전입 직원의 마음속으로 몰래 들어가 봤다. 어찌 보면 필자의 옛날로 돌아가 본다는 게 맞는 표현이다. 결론은 빨리 내 집처럼 느끼도록 해 주는 게 중요하다는 생각이 들었다.

먼저 첫 출근일 부장실에서 차담 후 전입 직원(4명)과 함께 시설 투어를 나섰다. 본관으로 이동하여 상층부터 하층으로, 신관은 아래부터 상층으로 동행 이동하며 설명했다. 빠른 적응과 편하게 근무할 수 있는 분위기 제공을 위해서는 집 안 구석구석 투어를 통해 조직 전체도 마음속으로 정리해 볼 수 있고 부대 이용 시설도 소개해 주는 시간이었다. 견학 후 21층 라운지 구내식당에서 담당 팀장과 합류하여 오찬으로 환영 간담회를 진행하는 순서로 투어를 마무리했다.

본부 투어 후 담당 팀장과 오찬

전입 직원 차담회

 오후에는 그 전에 이미 전입한 타 직급 직원 포함 부서 전 직원 대상 오리엔테이션 시간을 가졌다. 당해 연도 부서 및 팀별 사업계획 주요 내용 발표가 있었다. 부서 업무 전반과 다른 팀 업무 일부도 공유를 통해 부서 이해도를 증대하는 계기를 마련했다. 팀별 종이컵 차기 레크리에이션 및 퀴즈 등으로 준비한 선물을 증정하는 등 소통을 강화하고 동료의식도 제고했다.

환영 행사는 신속하고 맞춤식으로

 한 직장에서 승진이 의미하는 상징성과 영예는 엄청나다.

 우리나라 공무원법상 일반직공무원의 경우 계급(1급부터 9급까지)과 그에 해당하는 직급명(관리관부터 서기보까지)이 있다. NH도 공무원 계급체계와 유사한 직급과 직명이 따로 있다. 필자가 예전 인사업무를 볼 때 직명 관련 에피소드를 하나 소개해 보고자 한다.

초급 책임자인 4급과 중간 관리자급인 3급의 경우 예전에 비해 결재 단계가 단축되며 팀장 등 별도 직책을 부여받은 경우를 제외하고는 팀원으로 업무를 수행한다. 호칭은 직급에 따라 과장, 차장, 기획역, 심사역 등으로 부른다. 그러다 보니 직책과 직명 부분에서 미묘한 감정선이 작용한다. 가령 4급의 경우 승진 적체 현상에 따른 동기부여를 위해 3급으로의 승진 최초 도달 연도(4급 승진 후 만 5년 경과) 익월 1일에 별다른 징계사유 등이 없다면 과장에서 차장으로 자동 승진하는 인사 규정이 있다. 더 정확하게 표현하자면 동일 직급(4급)이라 승진보다는 직명 변경이 맞는 표현이다. 그러나 과장과 차장은 큰 차이가 있다. 내부적으로나 외부적으로도 차장이라는 호칭에서 주어지는 무게감이나 자긍심 등 때문이다. 그러다 보니 심지어 직명 변경 발령 문서에 '왜 내 이름이 없냐?' 하고 항의 전화를 여러 번 받은 적이 있다. 그분들 대부분 과장 시절부터 심사역, 기획역, 검사역, 비서역 등의 직명을 사용하는 부서에 근무하던 분들이라 변경할 직명이 없는데 말이다. 가령 심사역 직명만으로는 과장급인지 차장급인지 구분이 되지 않았으나 6년 차가 되면 차장이라는 직명이 좀 더 고참급에 접어들었다는 자긍심 때문이다. 몇 년 후 심사부의 경우 심사역, 선임심사역, 수석심사역 등으로 직명을 세분화하기도 했다.

이와 같이 직장 생활하며 차장 승진이라는 작은 이벤트지만 기쁨과 행복감을 잘 알고 있기에, 당해 연도 차장 승진 대상 직원분들에게는 정기인사 후 팀 배치 및 업무 분장 시 내부 서류와 명패 등에 미리 차장으로 명시할 수 있도록 조치했다. 이때 차장 승진에 대한 의미를 한층 높이기 위해 맞춤식으로 소정의 축하 선물을 준비하여 소속감 고취를 통한 소통에 활용했다. 가령 '금융사기예방팀'으로 전입한 최신의 차장의 경우 이름과 담당 업무를 연결시켜 "최신의 사기 수법 꼼짝 마~"라는 문구와 그림으로 디자인한 마우스패드를 선물했다.

최신의 사기 수법 꼼짝 마~

(금융사기예방팀)

메마른 가지에 파아란 새싹이
하얗게 돋아날 때
경아 너와의 처음 만남이었지 ♬

3.
밥상머리 소통

그래 밥 한번 먹자(그뤠잇타임, grEAT-Time)

　2018년 초 신임 행장님께서 취임 후 이틀에 걸쳐 중앙본부 각 부서를 방문하며 직원들을 대상으로 일대일 스킨십 경영을 실시했다. 농협 내 대표적인 영업통이라는 수식어가 말해 주듯 직원들과의 소통을 중시해 온 CEO로서 직원들의 손을 일일이 잡고 사원증의 이름을 불러 주거나 1~2분씩 스몰토크를 나누며 소통했다. 이때 지근거리에서 수행하며 각종 의견을 메모했고 홍보 가치가 있다 싶어 보도자료를 통해 취임 후 첫 행보로 소통경영을 홍보하기도 했다.

　그런데 소통하시며 하시는 말씀 중에 '고생 많다'라는 격려 멘트와 함께 '그래, 밥 한번 먹자'라는 표현이 가장 많았다. 물론 한국 사람들이 첫 만남 시 많이 하는 표현 중 하나가 '조만간 밥 한번 먹자'라는 표현이기도 하다. 순방을 모두 마치고 행장님께서 "앞으로 직원들과 월 1회 이상 식사 또는 호프데이를 함께하며 격려하겠다."라고 말씀하셨다. 그래서 탄생한 게 〈그뤠잇타임(grEAT-Time)〉이다. '그뤠잇(Great)한 우수 직원들과의 식사(eat)', '소통(그래!)이 있는 만찬(잇!)'이라는 의미를 담아 작명했다. 1월 25일 첫발을 시작으로 본부는 매월 시행하고 전국 단위로는 분기별 현장경영 형태로 확대 추진했다. 본부는 부행장 소관별 1명씩 추천받아 만찬, 호프데이, 볼링, 동계올림픽 관람 등 격의 없이 소통하는 시간을 가졌다. 지역본부는 업적우수 사무소 직원, 역대 각종 연도대상 수상자, 지역별 마케팅 우수직원 등을 선발하여 제주도 여행, 지역 관광 명소 관람 후 간담회 등을 실시했다. 이와 관련 에피소드 중 그 당시 '그뤠잇'이라는 유행어로 방송 데뷔 후 몇십 년 만에 잘 나가던 방송인이 불미스러운 일로 구설수에 올라 모든 방송에서 하차하자 우리도 'with CEO'라고 네이밍을 교체하는 해프닝도 있었다.

그뤠잇타임 호프데이

1분기 우수직원 제주도 힐링여행

마누라표 가정식 맛집 오픈하우스

필자가 2000년 중앙본부 전입 당시만 해도 이사 또는 전입 시 가족, 친지, 지인 등을 집으로 초대해서 집들이 잔치를 여는 풍습이 남아 있었다. 강원도 촌놈인 필자는 순수하게 처음으로 실시했다. 이후 팀장이 되던 2009년부터는 매년 팀원들을 초대하여 만찬을 통한 유대 강화 및 친목을 도모하는 자리를 만들었다(2020년 코로나19 이후 중단).

가족의 적극적인 협조와 요리 솜씨로 가능했던 일들이라 감사하다. 나중에는 아예 한식조리기능사 자격증을 취득하기도 했다. 이런 배경에는 학창 시절 1926년생이셨던 모친께서 필자 생일인 여름철에 떡과 제철 음식을 준비하여 친구들을 불러 음식을 나누던 일로 거슬러 올라간다. 몇 가지 사례를 소개하면 지방 근무(2009) 시절 경기도 과천에서 대규모 행사 참석차 올라온 팀원들을 집으로 초대하여 오찬을 함께했고, 팀장(2011) 시절에는 신년회, 생일 초대, 송년회 등 연 3회 집으로 초대하여 소통한 적도 있다. 화천 근무 시절에는 사택으로 전 직원을 초대하다 보니 음식 장만보다 식탁이 부족하여 아파트 몇 집을 돌아다니며 빌려 왔던 추억이 생생하다. 또한 새벽 골프 후 점심을 아예 집으로 초대한다든가, 'DT대응혁신TF' 단장 시절 더운 여름날 팀원들의 노고를 격려하기 위해 오픈하우스를 실시했던 일들이 가장 추억에 남는다.

사택에 직원 식사 초대　　운동 후 오찬 초대

DT대응혁신TF 격려 만찬　　지방 근무 시 위문단 초대

4.
소통 현장은 〈기념우표〉로 마무리

각종 행사, 모임, 축하 등 소중한 순간은 사진 파일로만 소장하는 것보다는 우정사업본부에서 발행하는 공신력 있는 〈나만의 우표〉를 특별 주문 제작하여 선물했다. 소통 현장의 스토리까지도 온전하게 영원히 소장하자는 의미에서 지금도 이용하고 있다.

7여 년 전 우체국에 용무가 있어 방문했다가 객장에 비치된 '나만의 우표'라는 안내장을 접하게 되었다. '바로 이거다'라는 생각에 안내장을 가지고 돌아와 지금까지도 주요 순간에 활용하고 있다. 어떤 콘텐츠의 선물보다 정성이나 가성비 면에서 의미 있다고 자신한다. 특히 우표를 붙여 손 편지를 보내던 시절을 경험하셨거나 정부 주요 행사 시 기념우표를 발행하던 시절에 우표 수집 추억이 있으신 분들은 기념우표에 대한 감회가 새로워 효과가 좋았다. 예전에 대통령 취임이나 해외 순방 시 또는 반대로 해외 국가원수의 한국 방문 시 빠짐없이 기념우표를 발행해 왔다. 2002년 한일월드컵 4강 신화를 축하하고 기념하기 위한 우표도 발행되어 소장하고 있다.

> **나만의 우표란?**
> - 2001년부터 우정사업본부에서 손 편지나 사진이 사라져 가는 세대에 대응하여 각자가 원하는 사진과 디자인으로 다양하게 만들어 직접 쓸 수 있는 맞춤형 기념우표
> - '영원우표'로 향후 우표 요금이 오르더라도 추가 요금 없이 실제로 사용할 수 있고, 구성원끼리 영원히 기념하자는 의미 내포
> - 우체국 창구를 이용하거나 ePOST를 통해 신청(매수 제한 없음)

소규모 행사라도 소통 현장은 우체국 주문 제작 후 참가자 전원에게 선물로 활용하고 있으며, 연말에는 1년간 제작한 기념우표를 진열 후 스티커 부착 형식으로 인기 작품을 선정하여 별도의 커피타임 실시 등 추가적인 소통의 시간을 가졌다. 특히 외부 인사의 취임 등 축하 행사를 우표로 만들어 증정하는 경우 희귀성 측면에서나 진정성 측면에서 좋은 피드백을 받을 수 있었다.

행사		시상식, 강연, 위문방문, 결혼, 골프, 등산, 여행
취임·퇴임		CEO, 본부장, 조합장

소통은 따뜻하게 243

외부고객	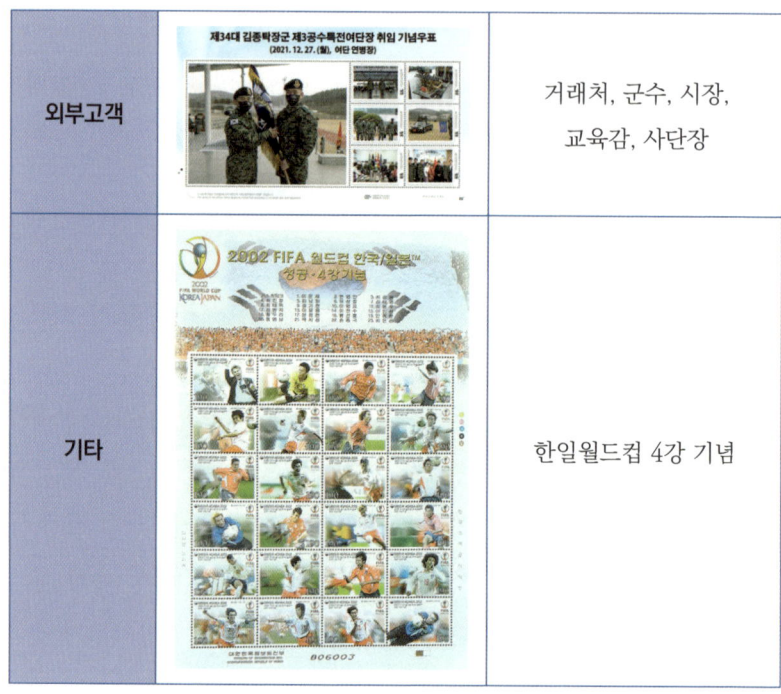	거래처, 군수, 시장, 교육감, 사단장
기타		한일월드컵 4강 기념

5.
시간을 선물로 포장하다

업무 유공 직원 24시간 휴가 서비스 도입

본부 부장 재임 동안 근무 부서마다 운영해 오던 제도로서 각종 현안 및 프로젝트 수행 등으로 타 직원보다 야간 추가 근무가 늘어나 심신이 피곤한 직원을 선발하여 격려하는 포상제도이다. 인사규정에 따라 사무소장에게 주어진 포상휴가 제도를 적극 활용한 것이다. 매월 초 팀별 사전 추천을 받아 '주간업무 보고 회의' 시 참석자 전원의 무기명 투표를 통해 월 1~2명을 선발했다. 전 직원 공지 후 '공로 포상'이라고 적힌 휴가권을 전달했다. 월별 선정자는 전원을 한눈에 볼 수 있도록 현황판을 만들어 부서 직원 공유를 통해 격려와 동기부여를 제공하는 소통의 방법으로 이어 왔다. 직원에게는 리워드를 통해 리프레시와 워라밸을 실천할 수 있는 제도로서 노동조합 측이나 금융당국의 소비자 보호 실태 평가 시 좋은 반응을 받았다.

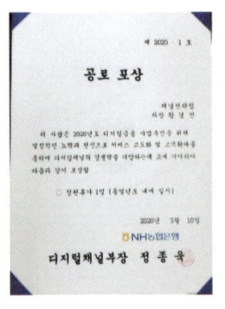 

| 우수 직원 공로 포상증 | 연간 우수 직원 현황 |

생일 직원 2시간 선물 받고 가족 앞으로

누구에게나 1년에 단 하루뿐인 생일을 맞게 된다. 부모님에 대한 감사 표현과 함께 가족으로부터 많은 축하를 받아 마땅한 소중한 날이다. 사무실이나 동료들로부터도 축하는 받지만 따뜻함이 가족만이야 하겠는가? 이에 부장 재직 기간 줄곧 생일 직원에게는 당일 120분이라는 귀한 시간을 소중히 포장하여 선물했다. 업무나 주변 의식하지 않고 조기 퇴근하여 저녁 시간을 사랑하는 가족과 함께 여유 있고 격조 있는 만찬을 즐길 수 있도록 배려와 격려의 시간을 선물한 것이다. 부서 전통에 따라 생일자별 희망 도서 전달은 부서 상황에 맞춰 병행하기도 했다. 물론 주말 생일자는 금요일 16시로 당겨 적용했다. 그 무엇보다 만족도가 높은 필자만의 소통 방법이었다.

6.
마음을 파고드는 티키타카 소통

직원 자녀 출생 시 출산일 일간지 챙겨 선물하기

　아기 울음소리가 끊어진 마을과 무자녀 부부가 전국적으로 증가하고 있다는 뉴스는 이제 새롭지도 않다. 정부에서도 대통령 직속으로 저출산고령사회위원회를 두고 각종 대책 및 지역소멸 대응 포럼 등도 개최하고 있지만 말이다. 심지어는 제22대 국회의원 선거를 앞두고 여야가 '인구전략기획부' 신설을 공약하면서 부총리급 부처로 승격될 여지도 생겼다.

　이와 관련 필자만의 신생아 출산 관련 축하 이벤트를 소개하고자 한다. 필자가 팀장 시절부터니깐 15년이라는 시간도 훌쩍 넘긴 세월이 흘렀다. 인원도 20여 명이 넘을 것으로 본다. 동료 직원 또는 그 배우자가 2세를 출산하는 경우 해당 일자 중앙일간지를 모아 꾸러미로 포장하여 선물했다. '아기가 세상에 찾아오면 닐 이런 일들이 있었다'라는 의미로 세상 이야기가 구석구석 담긴 일간지를 세트로 챙겨 이벤트 선물로 증정한 것이다. 어쩌면 최근에 출산한 아기들이 20대가 될 때쯤이면 디지털 매체에 밀려 사라지고 박물관에나 전시되어 있음직한 종이 문명의 상징인 신문이다. 표지나 내지에는 "To. ○○○ 님. 2세 탄생을 축하드립니다. ○○년 ○월 ○일. 건강하고 예쁘게 키우세요."라는 식의 축하 문구를 적었다.

 필자의 큰 뜻은 담은 일간지는 부모에게 전달되어 소중하게 보관되었다가 자녀가 어느 정도 성장하여 자아가 형성되고 세상살이 뉴스에 관심을 갖게 될 시기에 선물하라는 것이다. 생일에 맞춰 부모의 경륜과 사랑이 담겨 있는 축하 메시지와 함께 깜짝 이벤트로 전달되는 장면을 기대했다. 그 시대의 핫한 뉴스들을 통해 사회상이나 역사를 배울 수도 있고 세상을 보는 시야와 가치관 형성에 도움을 주는 등 선한 영향력으로 작용하여 미래 진로 결정의 나침반 역할이 될 수도 있겠다 싶었다. 출생 소식과 함께 수집된 신문은 포장을 거쳐 남직원의 경우 사무실 출근 시 전달하거나 여직원의 경우 출산휴가 중이라 자택으로 우편 배송하는 방법을 택했다. 일간지가 발행되지 않는 휴일이 애로 사항이었다.

일간지 전달 장면 및 우편 발송용 박스

자발적 봉사활동 참여로 지역사회와의 소통

 시골에는 지금도 5일에 한 번씩 기존 시장 주변을 중심으로 노점상처럼 장이 선다고 하여 5일장이란 게 있다. 화천시장은 3일과 8일이 들어가는 날에 열린다. 평상시 상설 전통시장에 비해 더욱 활기가 넘치고 볼거리가 많아진다. 뻥튀기 등 다양한 먹거리부터 제철 특산물, 분식, 포장마차까지 5일장에서만 맛볼 수 있는 정취가 가득한 풍경이다. 그러다 보니 시골에 거주하시는 어르신들께서 바람도 쐬고 사람 사는 모습도 구경하시기 위해 조심조심 마을버스에 몸을 싣고 나오신다. 그런데 집으로 돌아가는 마을버스가 드물다 보니 남는 시간을 메워야 하는 경우도 많다. 이때 중요한 게 바로 점심을 해결해야 하는 문제가 발생된다. 그래서 5일장 근처에 있는 화천군노인회관에서는 점심을 무료 봉사하고 있었다. 봉사는 대부분 새마을부녀회에서 담당하고 계셨다. 마침 사무실 뒤편에서 5일장이 서는 데다 해당 일에 외부 오찬 일정 등이 없는 날이면 배식 봉사 활동을 해야겠다는 자신과 약속을 하고 자발적으로 참여했다.

또한 사무실 차원에서의 전 직원과 합의를 통해 직급별로 차등화하여 봉사활동 기금을 모금했다. 회비는 분기 1회 봉사활동을 통해 사용되었다. 첫 봉사로 노인회관에 청정 화천쌀 기증과 함께 직원들하고 배식 봉사활동을 펼쳤다. 6월에는 6.25 참전 용사 어르신분들께 수박과 삼계탕을 일일이 찾아다니며 전달해 드렸고, 추석 명절에는 시골 어르신들의 발이 되어 주는 마을버스 기사님들께 햅쌀을, 그리고 11월에는 행정기관의 추천을 받아 겨울 연탄을 배달하는 사회공헌 활동에 앞장섰다.

퇴직 후 1~2월 두 달간은 사회복지시설에서 배식 및 설거지 봉사활동을 실시했다. 옛 직장 상사부께서 이 소식을 듣고 찾아오셔서 활동 장면을 촬영하여 온라인 동영상 공유 플랫폼의 쇼츠 영상으로 업로드되어 900여 명의 조회수를 올리는 일화도 있었다.

화천 5일장	자체 봉사조직	퇴직 후
외부 일정 없다면 봉사 참여	직원 월별 봉사 회비 모금 재원	주 3회(1~2월)

직원들 안전을 위한 관외 회식 후 나 홀로 귀가

　화천 근무 당시의 일이다. 지역 특성상 춘천권을 중심으로 인근 군 소재 사무소의 경우 대부분의 직원들이 자동차로 출퇴근하고 있었다. 몇몇 직원들은 카풀제를 활용하여 번갈아 가며 운전을 하고 다니는 거였다. 따라서 간혹 사무실 단위의 단체 회식이라도 할 것 같으면 아예 일찍 서둘러 식사를 마치고 춘천행 직행버스 막차를 탄다거나 사무실에 있는 승합차를 비음주 직원이 운전하여 단체로 퇴근하는 문화가 이어져 내려오고 있었다. 그래서 이런 점을 고려하여 사무소 전체 회식은 지역경제 활성화를 위해 관내에서 실시하되, 팀별 또는 번개 소모임은 직원분들 안전 귀가 및 참여율 제고를 위해 직원분들 생활 근거지인 춘천에서 실시하고 사무소장만 사태으로 귀가하는 나만의 원칙을 정했다.

관내 단체 간담회와 관외 인근 도시에서의 소모임 이원화

우편번호를 반드시 기재하는 에티켓

　정부는 2014년 1월 1일부터 토지대장을 제외한 모든 곳에 도로명주소만을 사용하도록 하는 '도로명주소법'을 전면 시행했다. 그리고 그 이듬해인 2015년 8월 1일부터는 도로명주소 체계에 적합하게 우편번호가 기존 6자리에서 5자리로 변경되었다. 새 우편번호인 '국가기초구역번호'는 소방, 통계, 우편 등 모든 공공기관이 공통으로 사용하게 되었다. 하천, 철도, 대로 등 객관적인 지형지물을 기준으로 전국에 3만 4,000여 개가 부여돼 있다.

　그러나 명함을 받아 보면 우편번호가 기재되어 있지 않은 명함을 자주 볼 수 있다. 또한 도로명주소의 경우 건물에 부과된 건물번호만을 표기하여야 하나 지번이라 오인하고 가령 '다영로 1202번지'처럼 혼합하여 잘못 표현하는 사례를 흔치 않게 볼 수 있다. 명함 정보 중 주소는 우편물 발송 시 사용해 달라고 기재하는 정보이니만큼 정확한 도로명주소 기재가 필수다. 이때 우편번호 누락 시 발신자가 별도로 검색해야 하는 불편함을 끼치고 있어 상대방에 대한 배려 차원에서라도 명함의 주소 앞부분에 우편번호를 반드시 기재하는 에티켓이 필요하다. 마찬가지로 기업이나 기관의 경우 홈페이지 하단 직장 정보란에도 우편번호가 제외되는 사례가 많다.

7.
뻔하지 않은 펀(fun)한 소통 프로그램

소통은 추억을 만들어 앨범에 담는 것

소통(疏通)이란 사람들 간에 정보, 생각, 의견, 감정 등을 주고받는 과정을 말하는 것으로 정해진 답이나 방법은 따로 없다. 소(疏) 자가 '트일 소'이다. 따라서 구성원 간 소통을 위해 간담회를 개최하되 참여 의식을 제고하고 감동과 내실 있는 행사를 위해 고민했다. 굶주렸던 시절처럼 한 끼 때우면 감사하던 시절이 아니다. 단순히 밥만 먹는 프로그램으로는 예전과 달리 반기지 않을뿐더러 감흥도 없다. 인원도 최소 단위 규모로 조촐하게 진행하되 행사 내용은 아주 특별하게 준비하는 게 바람직하다는 원칙을 가지고 유지 발전시켜 왔다.

시간과 장소는 팀 리더 의견에 따라 중식 휴게시간을 활용하거나 16시부터 공식적인 소통의 시간으로 진행했다. 아주 특별한 경우에는 주말을 이용하여 지역축제나 문화생활 참여 또는 운동 등을 통해 추억을 남겼다. 대부분의 행사 결과는 소중한 추억으로 남겨 주기 위해 가급적 기념우표를 제작하여 공유하는 센스는 잊지 않고 실행에 옮겼다.

구분	장소
16시부터	경복궁, 청와대, 북촌 한옥마을, 인왕산, 남산, 뮤지컬 관람, 스크린 골프, 스포츠(배구, 야구) 관람, 서대문형무소, 지역축제(횡성한우축제) 등
토요일	팜스테이, 지역축제(토마토, 산천어), 골프, 등산 등

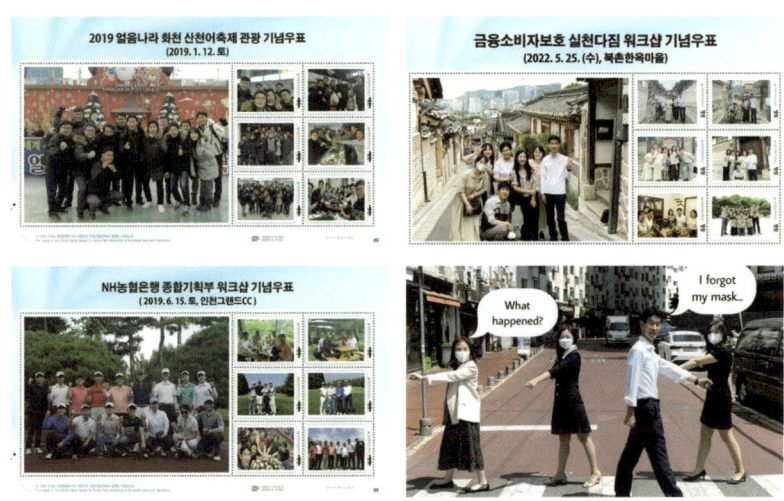

팀 또는 소그룹별 행사 사진(비틀즈 횡단보도 재연 등)

    필자가 이 부분에서 '공식적'이라는 표현을 썼다. 그 이유는 실제 지인의 사례에서 찾아볼 수 있었다. 여러 정책적 이슈나 업무 가중으로 노고가 많은 팀이 있어 부서장이 일주일 전 해당 팀 직원들과 오찬 간담회 일정을 잡았다 한다. 당일 현장에 2명의 직원이 참석을 못 했다 한다. 식사를 마치고 나서 오후에 팀장이 부장실로 들어와서는 며칠 전에 두 직원 간 언쟁이 있었다며 자초지종을 보고받았다 한다. 그러자 해당 부서장은 후속 조치 일환으로 나란히 앉아 있던 두 직원을 우선

띄워 놓기로 하고 화해도 시킬 겸 불렀다고 한다. 들어오는 직원에게 가볍게 '오늘 점심때 무슨 바쁜 일정이 있었는가 보네?'라고 하자 준비라도 하고 들어온 듯 '근로기준법 제7조[10]와 8조 위반이다'라고 하더란다. 그 말을 듣고 필자도 찾아봤다. 강제 근로의 금지(제7조)와 폭행의 금지(제8조) 항목이었다.

그러면 소통을 위해 점심 먹자고 한 것을 '구속하는 수단'으로, 같이 식사하는 행위를 '근로의 강요'로, 더 나가 '폭행'으로까지 해석한 듯하다. 듣고 보니 슬펐다. 소통도 추억도 담는 그릇의 크기와 방법에 따라 다르다는 교훈을 배웠다.

승진, 취임, 퇴직 등
축하는 다양한 콘텐츠로 온(溫) 정을 담아

연도말 정기인사 시 승진자에 대해서는 함께 근무하는 동안 특징을 살린 '캐리커처'를 만들어 선물하거나 '행운의 2달러'를 준비하여 축하 메시지를 작성 후 액자에 넣어 전달하는 이벤트를 시행해 왔다.

승진자 '캐리커처' 또는 '행운의 2달러' 전달 장면

---

10) 제7조는 '사용자는 폭행, 협박, 감금, 그 밖에 정신상 또는 신체상의 자유를 부당하게 구속하는 수단으로써 근로자의 자유의사에 어긋나는 근로를 강요하지 못한다.'

다음은 취임, 당선, 이동 등 축하의 경우다. 대부분 화분을 보내는 경우가 흔하다. 필자는 CEO의 경우 취임 또는 재직 기념으로 지휘관을 뜻하는 자개 지휘봉을 제작하여 증정하거나, 앞서 설명한 기념우표를 많이 활용했다. 기념우표의 경우 대상 기관의 홍보실을 통해 사진을 협조받거나 인터넷에서 관련 기사를 검색하여 사진을 구해 활용했다. 또한 중소기업이나 스타트업 CEO의 경우 평소 사무실 방문 시 대부분 책상에 명패가 없다는 것이 관찰되었다. 명패를 제작하여 증정했다. 지휘봉이나 명패의 경우 화분 대비 가성비나 가심비면에서 좋은 아이템이었다. 이런 방법을 고민했던 것은 선물에 진심을 담고 정을 담고 싶어서였다. 때로는 찐빵이나 떡 종류 선물은 직원분들의 간식용으로 인기였다.

지휘봉(자개)		취임, 재직기념
기념우표		당선, 행사 등
명패		중소기업 CEO

동판패	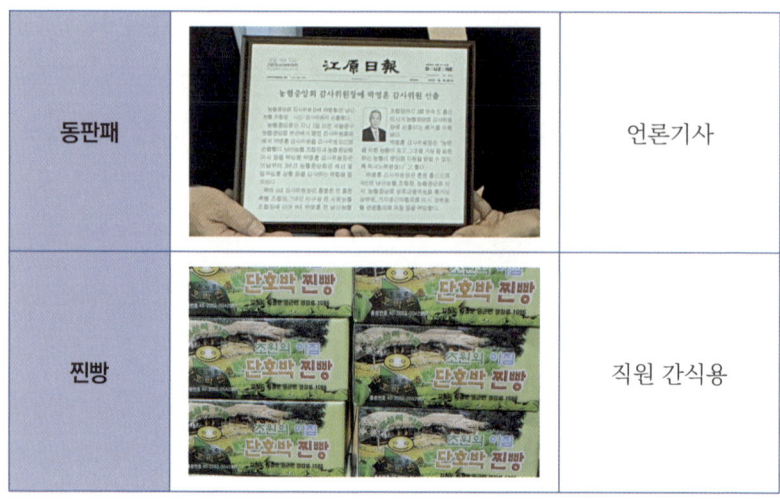	언론기사
찐빵		직원 간식용

다음은 석별의 순간이다. 퇴임을 앞두신 상사분들께 마지막 추억을 만들어 드리고자 그간 함께했던 흔적들을 모아 정리하여 선물하는 방법을 활용했다. 주요 콘텐츠로는 특수 액자(지부장 명의 수표, 체육행사 단체 사진, 축하 메시지), 포토앨범(인사기록카드, 행사 사진 등), 존경 인증패, 근무 당시 동료 직원 조직도 등이다.

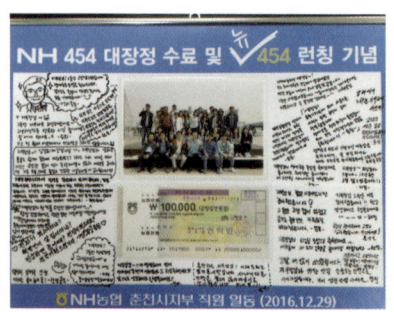
NH 454개월 재직 기념 및 뉴 454 기원

존경 인증패

입사 30주년 자체 기념품도 엣지 있게

1991년 9월. 우리나라 경제가 60년대 산업화 이후 도시화의 물결 속에 고속 성장을 하던 시기에 입사하여 만 30년이라는 시간이 경과했다. 첫 근무지나 돌아온 경유지는 각각 달라도 한 직장에서 30년 근무를 영속할 수 있었다는 사실만으로도 축하받아 마땅한 기념비적인 날이다. 이는 개인의 헌신, 노력, 열정을 상징하는 중요한 의미를 지니고 있기 때문이다. 마침 입사 30주년을 맞이하던 해에 동기회 회장을 맡고 있었다. 그러나 코로나19 상황이라 동기들이 모여 별도의 공식적인 축하 행사는 할 수가 없었다. 그러면 달리 어떻게 의미 있게 자축할 수 있는 좋은 방법이 따로 뭐가 없을까 구상에 들어갔다. '배운 게 도둑질'이라는 말도 있는 것처럼 카드 상품개발 담당 부장답게 카드 형태의 〈근속 30년 기념 훈장〉을 셀프 디자인하고 제작하게 되었다.

우리가 사용하고 있는 신용카드의 경우 카드번호가 16자리라는 점에 착안하여 입사일로부터 30주년 일을 숫자 16자리(1991 0901 2021 0901)로 풀어낸 디자인을 고안해 냈다. 회원명 부분은 현 직책 및 성명을 병행 표기했다. 또한 '장교 출신 전형' 동기회를 상징하기 위해 태극 문양의 바탕 위에 초급 장교 계급장과 "나를 따르라"라는 슬로건을 넣어 정체성을 살렸다. 만나 식사나 운동하는 것도 좋지만 신선한 아이디어로 많은 의미를 내포한 뜻깊은 상징물을 만들어 줘서 감사하고 수고했다는 후일담을 들었다. 심지어는 퇴직은 했지만 입사 30주년 기념일은 맞으니 퇴직 당시 직책으로 주문하여 보관하는 동기들도 있었다.

근속 30주년 기념 훈장 자체 제작

희귀 주화(66년 발행)를 활용한 희귀한 선물

현재 사용되고 있는 한국은행권 화폐는 1962년 경제개발 5개년 계획을 발표하던 해부터 역사를 같이하고 있다. 높은 인플레이션 등으로 침체된 경제를 활성화하기 위해 화폐개혁을 단행하여 한글 원 표시 화폐가 발행되기 시작하였다. 주화(1원, 5원, 10원)는 그 후 1966년 8월 16일 최초 발행되었다. 초기 발행 동전의 경우 물량이 적어 희귀성이 높아짐에 따라 수집 애호가들로부터 큰 인기는 물론 높은 가치를 지니고 거래되기도 한다. 3종 주화 모두 미사용 주화의 경우 수십만 원에 거래되기도 한다.

그러나 일반 주화의 경우 예나 지금이나 골칫거리다. 99년 원주시지부 출납팀장 시절 얘기다. 당시 농협과 한국도로공사의 주거래은행 계약 체결로 전국적으로 고속도로 주변 톨게이트가 있는 지점의 경우 동전 공급이 큰 이슈로 등장했다. 지금처럼 하이패스나 교통카드 결제 시스템이 도입되기 전이라 도로공사나 버스회사의 경우 동전 수급이 큰 문제였다. 도로공사는 동전이 필요했고 버스회사는 과잉 공급으로 처리가 문제였다. 통행료나 버스요금으로 수납한 동전의 경우 계수 자체도 문제였거니와 무거운 데다 금액 대비 부피를 많이 차지하고 있어 금고에 보관하기조차 힘든 지경이었다.

 은행은 중간에서 양쪽 모두 문제였다. 동전을 달라고 해도 문제고, 남는다고 예금하겠다 해도 골칫거리였기 때문이다. 한국은행에서도 뾰족한 수가 없어 양측을 중계하는 게 은행의 역할이기도 했다. 수요와 공급을 맞춰 업무를 처리해 드려야 하는 게 은행업의 숙명 아니었던가? 마침 그 당시 의정부 소재 P운수사와 연결되어 월 1회 정도 트럭에다 동전을 잔뜩 싣고 원주까지 운반해 와서 산더미처럼 쌓아 놓고는 통장에다 예금하고 가는 꼴이 되었다. 계수는 상호신뢰하고 넘어갈 수밖에 없었다.

 필자는 그때 66년부터 69년까지 발행된 주화를 다량 수집할 수 있었다. 지금은 그 10원 주화를 이벤트성 기념품으로 소통 현장에서 다양하게 활용해 오고 있다.

골프 모임 시 〈볼 마커〉 대용품으로 협찬 또는 선물한다든지, 화투의 8광 이미지와의 컬래버를 이뤄 '책갈피' 용도로 사용할 수 있는 아이템을 자체 개발하여 코팅까지 처리한 후 생일 축하 선물로 활용했다. 이와 같이 콘텐츠도 변모를 거듭했다. 마침 음력 8월 보름이면 추석이다. 이처럼 8월의 보름달을 보며 소원을 빌듯 앞날에 밝은 행운과 재물복을 기원하는 소망을 담았다.

8.
토닥토닥 가족 사랑 소통

'자기앞수표'를 명함 대용으로

최근 들어 비대면 거래 증대 및 5만 원권 지폐의 등장 이후 은행에서 발행하는 자기앞수표의 발행량은 크게 줄어들었다. 자기앞수표란 수표의 발행인이 자기를 지급인으로 정하여 발행한다고 해서 자기앞수표라고 한다. 그래서 다음 사진에서 보는 바와 같이 지급지와 지급인 그리고 발행지와 발행인 모두 동일하다. 그리고 은행 창구에서 발행하는 자기앞수표의 경우 현행 규정상 사무소장 명의로 발행하게 되어 있다. 예전에는 출납 담당 책임자 명의로 발행된 시절이 있었다. 이에 따라 필자는 과장, 팀장, 사무소장 시절 이렇게 세 번에 걸쳐 수표에 필자 명의가 날인된 적이 있다. 두 번째 이후 문득 생각난 게 그때 수표를 기념품으로 소장했더라면 좋았을 텐데 하는 아쉬움이 있었다. 그런데 마침 사무소장 명의로 발행하도록 변경되면서 한 번의 기회가 더 찾아온 것이다.

그래서 명함 대용으로 10만 원권 수표를 자주 활용했다. 축의나 부의는 물론 명절에 현금 대신 수표로 전달해 드린 적이 있다. 이후 주변에 승진하여 사무소장으로 부임하는 직원분들에게 팁으로 소개해 줬다. 특히 부모님의 경우 그 어떤 선물보다 가심비면에서 최고라 여기실 게 불 보듯 훤하기 때문이다. 인사이동 무렵이 바로 설 명절 전이라 특히 그 효과는 2~3배가 될 수 있다. 필자는 17년도에 발행하여 보관하고 있던 수표를 딸 결혼 선물로 증정하기도 했다.

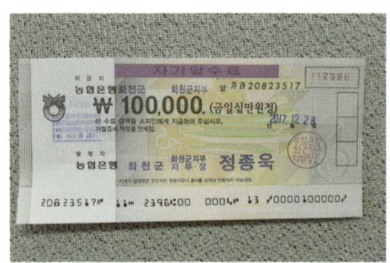 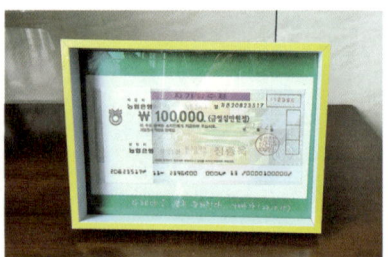

딸 결혼 선물로 증정한 17년도 발행 수표

딸들 학교 시험 끝나는 날 격려 여행 떠나기

초등학교 자녀들의 경우 4학년부터 중간·기말고사가 실시되었다. 해당 기간이면 2~3주 전부터 시험 준비하느라 스트레스받아 온 딸들에게 리프레시 기회를 제공해야겠다고 결심했다. 시험이 종료되는 주말에는 무조건 여행을 떠났다. 시험으로부터 해방감을 느끼게끔 리워드를 제공하는 차원에서 여행을 떠나기로 가족들과 약속하고 2004년부터 시행해 왔다. 주로 회사 휴양시설을 이용하는 경우가 많았다. 1박을 원칙으로 하고 도시 주변의 유적지와 관광 명소를 탐방하는 일정으로 코스를 설계했다. 중간고사는 가까운 코스로 떠났고 기말고사는 방학과 연계시킬 수가 있어 장거리 여행을 떠났다. 속초 등 동해안은 딸들이 또 거기냐고 할 정도로 자주 갔다. 때로는 해외문화 경험을 위해 외국 탐방 여행 및 국내 대학교 투어도 실시했다.

2010년 12월 서유럽 여행 시 많은 에피소드가 있었다. 대부분의 서유럽 패키지 상품이 그러하듯 스위스에서 마지막 일정을 소화하고 귀국하기 위해 공항에서 탑승수속을 마치고 기내에 탑승했다. 그런데 30분이 지나고 1시간이 지나도 이륙을 하지 못하는 것이다. 중간 경유지인 프랑스 드골공항에 폭설이 내려 이륙 신호를 기다리고 있다는 안내방송만 몇 차례 나왔다. 결국 2시간 정도 기다리다가 내렸다. 드골공항이 폐쇄되었다고 한다. 다행히 여행사 측에서 해당 보험에 가입되어 있다며 공항 주변 숙소를 잡아 줬다. 기타 나머지는 자유시간으로 개별여행을 하다가 다음 날 공항에서 보자는 전갈이다.

우선 사무실에 전화로 사정을 얘기하고 휴가를 연장했다. 한국에서도 프랑스 현지 폭설 뉴스를 봤다며 인지하고 있었다. 다음 날 공항에 집결해 보니 드골공항은 아직도 폐쇄 중이라 차선책으로 가장 빠른 항공편을 찾은 게 모스크바를 경유하는 노선이라고 했다. 결국 러시아항공을 타고 모스크바에 도착했다. 기내는 대부분 러시아인들로 고유의 털모자를 많이 보게 됐다. 모스크바에 도착해보니 국내로 이어지는 항공편과는 6시간이나 차이가 난다고 하여 공항 내에서 그것도 캄캄한 새벽 시간대에 좀 춥게 떨었던 기억이 생생하다. 거기서부터는 국내 항공편을 타고 들어왔다.

국내	- 강원도(속초, 강릉, 평창), 제주도 - 경기·인천(화성, 강화, 여주 등) - 충청(부여, 공주, 서천, 보은 등) - 영남(부산, 경주, 합천, 거제 등) - 호남(광주, 목포, 고흥, 해남, 부안 등)	
해외	- 중국 북경('05. 12.) - 서유럽('10. 12.) - 베트남 하노이('13. 12.)	
학교	- 민족사관고 - 서울 소재 대학교	

결혼식장에서 사위를 체포한 사유

우리나라의 '통과의례' 중 누구나 일생에 있어 반드시 겪어야 하는 4대 의례가 있다. 관혼상제(冠婚喪祭)이다. 물론 오늘날 많이 달라지고 남아 있는 것이 적지만 혼례와 상례는 명맥을 이어 가고 있다. 특히 최근 혼례를 보면 형식은 간소화되거나 현대화되어 대부분 주례가 사라지는 등 엄숙하고 경건한 분위기보다는 신랑 신부 중심의 발랄하고 스토리가 있는 축하 행사장으로 탈바꿈되어 가고 있다. 이에 지난번 집안 혼사 시에도 주례 선생님 없이 진행했다.

사돈 측은 두 번째 혼사라 개혼인 신부 측에 덕담 시간을 양보해 주셨다. 이에 신부는 울리지 않으며 아빠의 사랑은 듬뿍 담되 유머러스한 내용으로 하객분들과도 소통할 수 있도록 축하 메시지를 준비했다. 또 하나는 유비, 관우, 장비가 도원결의를 다졌듯 딸의 결혼을 앞두고 가족 4명이 새 반지를 맞춰서 끼고 경건한 맹세를 하기도 했다. 앞으로도 항상 건강하고 행복한 가족을 유지해 나가기 위해 함께 노력할 것을 반지 끼고 결의했다.

가족 〈반지결의〉 장면

내용 일부

기현아! 너는 오늘부터 내 사위다. 아니, 마음속으론 4위가 아닌 1위다. 저는 오늘부로 기현이를 사위로 체포하고자 합니다. 제 체포 사유를 들어 보시고 하객 여러분의 박수로 가부를 결정하겠습니다.

죄명은,
첫째 제 딸의 마음을 훔친 절도죄,
둘째 길거리에서 손목을 잡은 경범죄,
셋째 얼굴이 동안이라 지구 중력을 거스르는 사기죄,
그리고 마지막으로 뇌물수뢰죄입니다.

기현아! 내가 너를 처음 만난 건 19년 2월 다해 대학 졸업식 날이었고 너는 그날 떡볶이 코트를 입고 왔었는데 첫인상이 좋았다. 그때 내가 너에게 준 치킨 상품권이 제1호 뇌물이었다.

다음은 지난 2월 나랑 단둘이 등산하던 날, 너무 든든하고 잘난 아들이 생긴 것 같아 정말 기뻤다. 그날 산에서 내려와 너와 술 한잔 기울인 순간이 내 인생에서 가장 행복한 하루였다. 그때 먹은 삼겹살과 소주 한 잔이 뇌물 2호였다.

뇌물 3호는 내가 지난 5월 선물로 사 준 등산화다. 그 등산화가 너덜댈 때까지 둘이 등산 같이 다니자.

하객 여러분! 이 정도면 체포 사유가 되겠습니까?

9.
'같이'의 가치 소통

고향사랑기부제 적극 동참

2017년 농협에서는 '농업·농촌의 공익적 가치를 헌법에 명문화해야 한다'는 기치 아래 '농업가치 헌법 반영 국민 공감 1천만 명 서명운동'을 전개한 적이 있다. 농업은 농축산물을 생산하는 본원적 기능 외에도 식량 안보, 농촌 경관 및 환경 보전, 수자원 확보와 홍수 방지, 지역사회 유지, 전통문화 계승 등 공익적 역할을 수행하고 있다는 근거에 바탕을 두고 있었다. 특히 식품 안전, 쾌적한 휴식 공간에 대한 국민적 관심이 높아지면서 농업의 공익적 가치를 헌법에 반영해 농업의 소중함을 국민 모두에게 알리고 지속 가능한 농업과 국토 균형 발전을 위한 원동력이 될 수 있도록 하자는 캠페인이었다.

이와 같이 농촌지역의 고령화와 인구감소는 교육, 의료 문제 등과 맞물려 지방소멸 위기의 뇌관으로 부상했다. 이와 관련 정부에서는 2023년 1월 1일 지역 격차와 지방소멸의 해법으로 '고향사랑기부제'를 도입했다. 자신이 태어나 자란 고향이나, 관계가 깊은 지역 또는 개인적으로 응원하고 싶은 지역을 선택해 기부하고, 기부자에게는 세금 감면(세액공제) 혜택과 기부금의 30% 내 지역특산품이 제공되는 제도이다. 모아진 기금은 사회적 취약계층 지원, 청소년 육성·보호, 주민 문화예술·보건 증진, 지역공동체 활성화에 사용된다. 필자는 2023년 2월 8일 고향이자 '횡성한우축제'의 고장 횡성군 앞으로 달려갔다.

　SK브로드밴드와 연합뉴스TV에서는 고향사랑기부제 활성화를 위해 〈고향을 부탁해〉라는 교양프로그램을 제작 편성하기도 했다. 지역 소멸, 고령화 등으로 어려움을 겪고 있는 지역을 위해 고향사랑기부제 사업을 중심으로 내 고향 살리기에 동참할 수 있도록 방향을 안내하는 공익캠페인성 프로그램이다. 횡성군에서는 읍내 '성북초등학교'에 문화예술 지원사업으로 '한우리오케스트라'에 기금을 지원한 사례가 10월 6일 전파를 타기도 했다. 한편 제주특별자치도는 고향사랑기부금을 활용한 1호 사업으로 제주 해양 생태계의 상징인 제주남방큰돌고래 보호의 중요성을 알리고 시민 참여형 해양 환경 정화 활동을 통해 청정 제주 바다 조성을 위한 '2024 남방큰돌고래와 함께하는 플로깅' 행사를 개최하기도 했다.

고향사랑기부금 증정식

국군 장병의 노고에 감사하며

추석 또는 설 명절 연휴나 연말연시가 되면 각 단체에서 군부대를 방문해 장병을 위문했다는 기사가 쏟아져 나온다. 사회공헌 활동이 아닌 기업홍보 목적의 행사라는 생각을 지울 수 없다. 10여 명 이상이 우르르 몰려가 사진 찍는 진풍경이 펼쳐진다. 필자는 이 부분에 대해서 앞서 사회공헌 활동을 다루는 장에서 내실 있는 활동을 주장한 바 있다. 군 장병들은 명절 전후에만 국민의 생명과 안전을 지키는 한시적 조직이 아니다. 수십만의 장병이 연중무휴 국토방위에 여념이 없는 극한 직업이다. 그들의 노고와 헌신을 인정하고 공감하며 평상시에도 국민 속에 함께하는 조직이자 구성원이라는 것을 잊어서는 안 되겠다. 국가적 각종 재해 시에도 가장 먼저 출동하는 단체도 군부대다.

이에 관내 군부대 지휘관 이·취임식 참석을 시작으로 지역사회에 공헌하는 장병의 노고에 깊은 감사를 표했다. 군부대 체육행사나 부대 기념일에 소량이지만 제철 과일 등 농특산물을 들고 찾아갔다. 일부 체육행사에서는 민간 대표 족구 선수 출전 및 장병 장기 자랑대회의 심사위원 참여 등 '같이의 가치'를 실현했다. 물론 업무 추진에도 큰 도움을 받았다.

군부대 농산물 기부 및 상급 지휘관과 환담 장면

고객초청 행사에 참여했다가 긴급 진행 도우미로 변신

　2016년 춘천에서 지점장 시절 고객사 초청 학술발표회에 참석한 적이 있다. 행사가 곧 시작될 예정이라고 안내 방송이 나오고 얼마 지나지 않아 행사장 무대와 단상 일부에 정전 사태가 발생했다. 행사가 잠시 중단되는 사고가 일어났다. 주최 측과 장소 협찬 측에서는 당황하여 전기 복구에 집중하는 동안 행사장은 적막감이 3~4분간 흘렀다. 순간 잠시 고민하다가 용기를 내서 앞으로 나가 사회자석 마이크를 잡았다. 그리고 '본인 소개와 주최 측 대표님과의 인연을 간략히 소개하고 복구

당일 행사장 전경

작업이 종료될 때까지 잠시 마이크를 잡겠다'라고 양해를 구한 후 춘천 명소 소개와 스마트폰 정보 검색 기능을 활용해 가벼운 퀴즈 형태로 5분여 진행하며 주최 측을 지원한 일화가 있었다.

　차도나 철도 주변 급경사면의 낙석방지용 시설을 설치하는 업체로서 학계와 업계 종사자들이 참석한 세미나였다. 행사 종료 후 주최 측 대표님으로부터 임기응변으로 빈 시간을 채워 줘서 행사가 원만하게 진행될 수 있었다는 고마움과 용기에 감사하다는 인사를 받았다. 해프닝으로 끝난 에피소드였지만 사람의 두뇌와 행동은 평소 무언가에 대해서 깊이 생각하고 축적시켜 놓은 정보나 경험치가 있다면, 돌발 상황에서 이를 꺼내거나 연결하여 창의적으로 해결책을 찾은 퍼포먼스였다고 생각된다. 이 또한 선배님을 도와드리고 싶은 필자의 근질근질한 열정의 결과라고 생각한다.

연락처에 전화번호는 물론 가급적 사진까지 등록

사회생활 속에 수많은 만남을 통해 인간관계를 형성해 나감에 있어 개인의 전화번호는 매우 소중한 자산이다. 게다가 늘 손에 붙어 있는 휴대전화의 경우 정보의 보고다. 이런 과학 문명의 통신장비 기능을 좀 더 유용하게 활용한다면 전화번호 저장 시 직장 정보, 얼굴 및 기타 수집한 정보를 편집 기능을 통해 저장하면 차후 다방면으로 많은 도움을 받을 수 있었다. 물론 유용한 어플도 많이 나와 있다.

특히 사진이 저장되어 있는 경우 전화가 올 때 이름과 얼굴 정보가 동시에 노출되는 기능이라 금세 전화 주신 분과의 과거 인연 등을 소환하는 데 큰 도움이 된다. 혹시 이름만 봐서는 동명이인도 있을 수 있는데 안면 인식이 된다면 보안 기능에서 암호가 풀린 듯 친밀함이 더해져 통화가 부드러워지고 유대가 강화될 수 있었다. 따르릉~~ (얼굴 확인 후) "안녕하세요? ○○○ 사장님. 정종욱입니다."

방법은 평소 전화번호 저장 후 상대방의 카카오톡이나 기타 SNS 등에 얼굴이 공개되어 있는 분의 경우 이를 전화번호 사진란에 동시에 저장하는 것이다. 또한 간담회, 소모임 등 단체 행사 시 전체 사진 한 장이면 여러 명의 사진정보를 저장할 수 있으며 기업체의 경우 회사 로고를 대신 저장해도 매우 유용했다. 나중에 만나 이렇게 저장되어 있다고 하면 대부분 정성에 놀라며 사람 관리 잘하고 있다고 말씀하신다.

10.
옳은 길, 오른 길: 정도(正道)

여름 휴가철이 지나면 어느 조직이든 본격적으로 내년도 경영계획 수립이나 정기인사를 위한 사전 준비 작업에 착수하게 된다. 조직을 경영하는 데 있어 가장 중요한 두 파트이다. 조직의 제 자원을 활용하여 목표설정 및 공평한 분배 등을 통해 조직의 활력소를 불어넣어야 하기 때문이다. 옳은 길로 말이다.

앞장에서 '살길은 실크로드'와 '갈 길은 APro(앞으路)'라는 표현을 언급했다.

한 기업이 고객으로부터 신뢰받으며 계속기업으로 생존해 나가기 위해서는 고객님들로부터의 불편함이 없거나 최소화될 수 있도록 시스템이나 제도를 민첩하게 개선하는 소비자보호 정책을 강조했다. 이를 위한 과제로 구성원들의 뛰어난 업무 지식(Study), 확고한 소비자보호 인식(Insight) 정립, 민원 등 고객의 소리 적극 제도 반영(Link) 그리고 응대 태도 대전환(K-CS) 등 실크(S·I·L·K)로드 실천을 제시했다.

다음은 실크로드 실천을 위해 구성원 개개인은 자기 담당 업무 분야에서 최초·최고가 되고자 하는 목표 의식(Advanced), 담당 업무에 대한 전문성(Professional), 반드시 이루고 내야 말겠다는 책임감(Responsibility), 그리고 투철한 주인의식(Ownership)을 갖고 매사 앞으로(APro) 정진하자는 논리에서였다.

이번 글에서는 마지막 단계로 '살길'과 '갈 길'에 이어 '옳은 길'에 대해 살펴보고자 한다. 지난 7월 25일 한 언론사 기사 제목이다. 〈"뺏긴 올림픽 동메달 12년 만에 찾네요"… 파리 가는 역도 영웅 전상균〉. 내용은 이렇다. 2012년 런던 올림픽 당시 남자 역도 105kg+급 4위에서 동메달로 승격되어 은퇴한 역도 메달리스트가 빼앗긴 올림픽 메달을 찾으러 프랑스 파리로 떠났다는 뉴스. 2012년 올림픽 당시 3위를 수상한 러시아의 루슬란 알베고프 선수의 금지약물 복용 사실이 뒤늦게 발각되며, 국제역도연맹은 전 씨를 지난 3월 23일 동메달리스트로 승격시켰다.

그리고 얼마 전 학원가를 지나가다 출입구에 "방법이 옳으니 성적이 오른다"라는 슬로건이 눈에 띄어 사진으로 담았다. 그리고 SNS에서 시상대로 올라가는 선수의 품격을 풍자한 아래 그림을 본 적이 있다. 위의 세 그림이 오버랩되며 느끼는 바가 적지 않았다.

마음을 울린 슬로건

옳은 길과 오른 길이 성공한 사람에게는 같은 소리로 들릴지 모른다. 그들이 오른 길은 옳고 옳은 길로 올랐으니 성공할 수 있었다고 생각하기 때문이다. 그러나 과연 그들이 옳은 방법으로 성적을 올리거나 아래 좌측 사진처럼 차근차근 옳은 길로 시상대에 올라갔는지 아니면 우측처럼 아름답지 않은 방식으로 다시 말해 옳지 않은 길로 무리하게 올라간 것은 아닌지? 되돌아봐야 할 것이다.

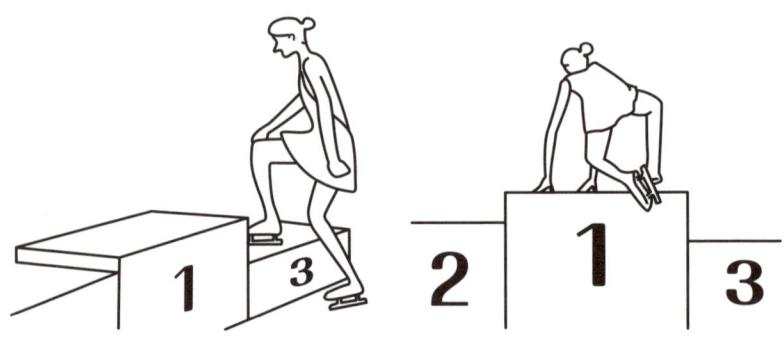

가령 어떤 이가 기구를 이용하여 히말라야 정상에 올랐다고 가정한다면 분명 오른 것도 아니거니와 옳은 길도 아닐 것이다. 베이스캠프를 설치하고 중간중간에 전진 캠프를 설치해 나가다 어택캠프에서 일거에 정상에 올라야 본인도 뿌듯하고 만인들로부터 존경과 박수를 받을 수 있다. 가끔 외신에서 히말라야 등정 사진이 합성사진으로 판명되어 입산 금지령이 내려졌다는 뉴스를 접하게 되는데 참으로 씁쓸한 대목이 아닐 수 없고 욕심이 불명예와 화를 부른 결과라 만인에게 교훈이 되었으면 좋겠다. 그러나 인류는 파렴치한 빌런이 반복된다.

물론 그런 진상들은 오른 길을 모르니 내려오는 길 또한 낯설고 추락 위험도 높을 것이다. 과정이 없는 결과는 응용할 수 없어 다음 기회에 활용할 수 없기 때문이다. 길은 목적이 아니라 과정이어야 한다. 한 사람이 가고 두 사람이 가고 세 사람이 가다 보면 길이 되는 것이다. 그러니 선구자의 첫 발걸음이나 리더의 옳은 길이 중요하다.

누군가 길의 약속을 어기거나 길의 신호를 무시한다면 길은 한순간에 불행의 공간이 된다. 특히 교차로에서는 대형 교통사고다. 그 행위가 다른 사람까지 다치게 하는 게 더 큰 문제이다. 음주 운전이 무서운 게 무고한 시민들이 영문도 모른 채 사상을 당한다는 데 있다. 많은 사람의 응원을 받으며 올라가야 옳은 길이고 아름다운 길인 이유가 여기에 있다. 방법도 성적도 그래야 한다.

일찍이 불교에서는 고통을 끊는 길에 대한 8가지 덕목의 참된 진리를 8정도(八正道)라 하여 가르쳤다. 불교의 가르침 가운데 핵심으로 석가모니가 가장 먼저 설법한 깨달음을 얻기 위한 불교 교리이다. 결국 각 개인이 수행을 통해 몸소 추구하고 실천해야 하는 것이다. 그것은 몸과 언어와 마음을 스스로 갈고닦는 일이요, 자신을 정화시키는 과정이다. 그리하여 도덕적, 정신적 완성을 통해 자유와 행복에 이르는 길이라고 가르친다.

그리고 이 여덟 가지 덕목은 순차적인 단계가 아니라 상호 돕는 관계에 있다고 한다. 이 중 목숨 명(命)이 들어가 있는 정명(正命) 덕목에 눈길이 갔다. 바른 생활이다. 우리가 생업을 영위함에 있어 건전하게 생활하고 바른 생활 습관을 지니며 다른 사람에게 피해를 주지 않고 생활하는 것을 가리킨다. 가령 마약, 독극물 등 치명적인 물품을 거래하거나, 살생, 인신매매, 사기 등 부도덕한 행동을 멀리하고, 떳떳하고 정당한 방법으로 생계를 꾸려 가야 함을 의미한다. 이것은 바른 직업에 의하여 바르게 생활하는 것이지만 일상생활을 규칙적으로 하는 것이기도 하다. 수면·식사·업무·운동·휴식 등에서 규칙적인 생활을 함으로써 건강이 증진되고 일의 능률도 향상되며, 경제생활과 가정생활이 건전하게 수행되는 것이다.

구분	영어	뜻	의미
정견(正見)	Right View	바른 견해	올바로 보는 것
정사유(正思惟)	Right Thought	바른 생각	올바로 생각하는 것
정어(正語)	Right Speech	바른 말	올바로 말하는 것
정업(正業)	Right Action	바른 행동	올바로 행동하는 것
정명(正命)	Right Livelihood	바른 생활	올바로 생계를 유지하는 것
정정진(正精進)	Right Effort	바른 노력	올바로 부지런히 노력하는 것
정념(正念)	Right Mindfulness	바른 챙김	올바로 기억하고 사려 깊게 생각하는 것
정정(正定)	Right Concentration	바른 집중	올바로 마음을 안정시키고 정신을 집중하는 것

11.
인생에도 대차대조표가 있다

"응애~" 아기의 울음소리이다. 아기가 태어나면 부모는 물론 많은 분들로부터 축하와 환영을 받는다. 큰 기쁨이자 보물이다. 재무상태표(구 대차대조표)상으로 보면 자산이 탄생한 것이다. 가정이야 말할 것도 없고 국가적 자산이다. 반면 바르게 잘 키워야 할 부모와 국가로서의 책무 즉 부채가 생기기도 한다. 이와 같이 바로 대차관계가 형성된다.

기업에는 대차대조표, 손익계산서, 이익잉여금처분계산서 등 재무제표라는 게 있다. 그중 대차대조표(B/S)는 가장 기본적인 재무제표 중 하나로 일정 시점에서 기업의 재무상태, 즉 자산·부채 및 자본의 내용을 수록한 표다. 또한 손익계산서는 회계기간에 속하는 모든 수익과 그에 대응하는 비용을 정리하여 손익의 정도를 나타낸 계산서이다. 대차대조표는 기업의 유동성, 재무적 탄력성, 수익성과 위험 등을 평가하는 데 유용한 정보를 제공한다. 자본과 부채는 대차대조표의 오른쪽인 대변에 기록되어 자금의 조달 원천을 나타내고, 자산은 대차대조표의 왼쪽인 차변에 기록되어 조달된 자금의 운용 상태를 나타낸다. 이와 같이 대차대조표는 기업의 자금조달과 그 운용 상태를 한 표에 나타낸 계산서이므로 자산합계액과 부채 및 자본의 합계액은 당연히 합치하는 관계에 있다. 불합치의 경우 일시적인 거라면 콜론이나 콜머니라는 제도를 통해 해결할 수 있지만 대부분 대변 계정이 부족한 경우가 많아 부채(타인자본)가 늘어나게 된다.

다시 인생으로 돌아와 생(生)은 자산이 맞다. 개인 대차대조표로 본다면 초년기에는 부모의 보살핌 속에 성장해야 하기에 부채계정이 계속 증가되는 구조이다. 그렇다고 무자산만은 아니다. 뒤집거나 기어가거나 걸음마를 시작하는 등 매 순간 가족들에게 기쁨과 행복을 선물하기에 무형자산으로 볼 수 있다. 유치원을 가고 초등학교를 가고 또 대학을 가고 등등. 그러나 기본적으로 부채가 많다고 봐야 한다. 다만 이 기간 본인이 열심히 노력해서 지식이나 내적인 능력 그리고 자존감 등을 키운다면 대변의 한 축인 자기자본 계정이 탄탄해지는 것이다. 다시 말해 인성, 집중력, 심리적인 강인함, 자기통제 등을 포함한 내면적인 자원과 매력자본이 형성된 것이다. 내가 노력하고 익힌 만큼 지혜와 내공이 되어 돌아온다. 자신과도 항상 거래가 존재하고 그 거래는 정확하게 투자한 시간과 투자한 노력에 비례하여 장래의 나를 결정해 주고 자아를 형성해 준다. 이는 성인이 되어 자산계정 증대에 그대로 나타날 것이다.

다만 외형만 키워 부실로 이어지는 마이너스 자산이 아닌 국가적으로도 큰 자산이 될 수 있도록 건강과 사회관계 등 자기관리를 잘해야 한다. 즉 리스크 관리가 중요하다. 그 결과는 인생의 손익계산서를 통해 평가받게 된다. 실제로 2015년 통계청에서 발표한 '1인당 생애주기 적자·흑자의 흐름'을 봐도 태어나면서 적자로 시작하여 29세를 기점으로 흑자를 유지해 오다가 43세를 정점으로 다시 적자 방향으로 돌아서는 것으로 되어 있다.

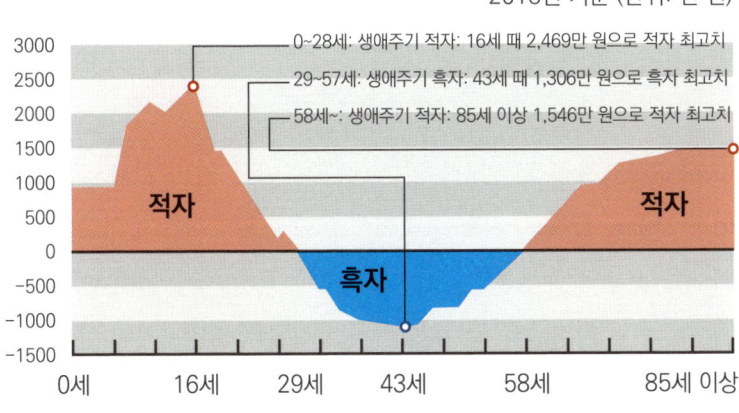

1인당 생애주기 적자·흑자(소비-노동소득)의 흐름

* 소비가 노동소득보다 크면 '적자', 소비가 노동소득보다 적으면 '흑자' 〈자료: 통계청〉

이와 같이 인생은 철저한 대차대조표다. 당신이 어떤 씨앗을 뿌렸는지에 따라 결과는 당신에게 돌아온다. 지금 힘든 것은 전생에 지은 죄가 많아서 그렇다거나 조상을 탓하지 말고, 현실로 돌아와 자신을 뒤돌아보고 질책하라. 제때 제대로 씨앗을 뿌리지 않고 시간을 낭비하고 노력을 게을리하지는 않았는지 자신을 철저하게 반성하고 채찍질해야 한다. 그게 공평한 대차관계다. 총자산대비 얼마의 이익을 냈느냐, 자기자본대비 얼마의 이익을 창출했느냐가 중요하다는 얘기다. 회사가 외형은 성장했는데 결산해 보면 적자가 나는 기업이 그런 꼴이다. 인생도 체계적이고 계획적이지 못하면 시간만 낭비하다가 뭘 하긴 한 것 같은 대 남은 게 없는 허송세월 보내는 우를 범할 수 있다. 그러다 보면 지름길을 찾게 되고 옳지 않은 길로 빠질 수 있다. 한 번에 큰 거래와 큰 모험으로 대박을 기대한다면 도둑 근성이다. 외형과 내실 두 마리의 토끼를 잡을 수 있는 실력을 키워야 한다. 외형이 대차대조표고 내실이 손익계산서로 말해 준다.

"호사유피(虎死留皮) 인사유명(人死留名)"이란 말이 있다. 호랑이는 죽어서 가죽을 남기고, 사람은 죽어서 이름을 남긴다는 뜻이다. 사람이 태어나는 것을 자산계정으로 본다면 과연 사람이 죽는 것은 어떻게 봐야 할까? 손실 처리당할 것이냐? 아니면 기업의 영업권이나 상표권, 저작권처럼 무형자산으로 남거나 자본금계정으로 남을 것이냐. 이처럼 인생은 '공수래공수거'라 손익계산서상으로는 남을 수 없다. 다만 대차대조표상으로는 이전하여 남을 수 있겠다.

직장인으로서의 대차대조표는 어떨까? 직장인이라면 담당하는 업무나 직책에 따라 대차대조표상으로 차변과 대변 항목 중 어느 쪽인지 자신이 판단해 봐야 한다. 대변 중에서도 부채계정인지 자본계정인지를. 그리고 손익계산서상에서는 비용항목인지 수익항목인지? 1차적으로 자신이 담당하는 업무 자체가 어느 계정인지를 살펴보는 것이 중요하다. 그것이 현업이고 그 계정의 전문가가 되어야 하기 때문이다. 2차적으로는 자신의 가치나 행동이 대차대조표와 손익계산서상 차·대변을 합계할 경우 조직에 어떤 영향을 미치고 있는지 성찰해 봐야 한다. 그것이 냉정한 프로의 자세다. 위로 올라갈수록 한 계정만 보는 것이 아니라 모든 재무제표를 읽을 줄 알아야 능력 있는 경영진이 되는 것이다. 조직을 빌드업하면서 조직의 미래를 제시하고 이끌어 나아가는 자리다. 그래서 사장과 직원 간의 생각의 차이가 있는 것이다. 숲을 보라고 하듯 일부 계정만 보는 게 아닌 전반적인 재무제표를 볼 줄 아는 훈련을 하자.

끝으로 기업이든 가계든 장래를 보고 장기적인 투자와 큰 손익계산서를 그릴 필요가 있다. 젊거나 잘나갈 때 지나치게 실리적인 손익에 집중하면 큰 거래를 놓친다. 지나친 실리 추구는 인간관계 단절의 단초를 제공할 수 있다. 특히 개인주의는 좋다지만 이기주의와는 구분해야겠다. 좋은 관계와 만남을 잘 키워서 신뢰를 쌓아야 그 신뢰가 자산이 될 수 있기 때문이다.